a Patraé !
gruse !
pné !
jw)

Igor Sibaldi

IL CORAGGIO DI ESSERE IDIOTA

La felicità secondo Dostoevskij

MONDADORI

Dello stesso autore
in edizione Mondadori

L'arca dei nuovi Maestri
Il frutto proibito della conoscenza
Libro della creazione
I Maestri invisibili

▲ librimondadori.it
anobii.com

Il coraggio di essere idiota
di Igor Sibaldi

ISBN 978-88-04-67528-0

© 2017 Mondadori Libri S.p.A., Milano
I edizione aprile 2017

Indice

Il coraggio di essere idiota

GRANDI AUTORI
E GRANDI LETTORI

Di chi si tratta

Si tratta di te.

In questo libro l'argomento sarai sempre tu: Dostoevskij ci servirà come esperto di tue faccende anche molto personali. A Dostoevskij avrebbe fatto piacere: sapeva che la grandezza di un autore dipende proprio da quanto ti narra di te e dei tuoi parenti e conoscenti. Tentava di farlo in ogni sua pagina, spesso si accorgeva di riuscirci, e sicuramente sperava che anche tu, oggi, te ne accorgessi.

Poco importa che fosse un autore russo (e che si vantasse di esserlo): anche quella che Dostoevskij chiama "Russia" è più che altro una tua dimensione interiore, e non ci vorrà molto per scoprirti "russa" o "russo" nel senso che intendeva lui.

Neppure il fatto che sia nato circa due secoli fa costituisce un problema, nei rapporti tra te e Dostoevskij: sarà anzi interessante notare come certe cose importanti siano cambiate ben poco da allora. Per esempio, la sua epoca gli andava stretta, come a te la tua, e il futuro a cui aspirava è futuro ancor oggi, in attesa che qualcuno, magari tu, lo realizzi.

Gli *scrittori*

Il problema è, semmai, nell'idea che si ha della narrativa. Idea talmente debole, che per indicare i narratori si tende a adoperare tuttora la parola *scrittori* – come dire: persone che scrivono. Scrivere significa soltanto tracciare lettere dell'alfabeto, ed è una cosa di cui tutti sono capaci. Un narratore fa qualcosa di più, ma la parola *scrittore* non ti dice e non ti permette di dire che cosa. Non è perché lo si sappia benissimo, e quindi non ci sia bisogno di precisarlo. Al contrario, è perché si ha un po' paura di saperlo: se infatti si provasse a precisarlo, ne verrebbe un dubbio più grande di quelli che siamo stati abituati ad affrontare.

È il dubbio che quel che uno *scrittore* ti dà non sia contenibile in quella che normalmente si chiama letteratura.

La letteratura, si sa, è un ambito meno autorevole della scienza, delle leggi dello Stato, dei notiziari, dei prezzi, o dei segnali stradali, tutte cose di cui la gente deve tenere conto, perché danno indicazioni su come comportarsi nel mondo reale. Gli *scrittori* invece ti offrono opere d'immaginazione. La conseguenza è in qualche modo paradossale: nell'opinione comune, uno *scrittore* è meno autorevole proprio perché è un autore – cioè "uno che aggiunge" (tale è il significato del latino *auctor*) qualcosa a ciò che esiste già.

Per la stragrande maggioranza delle persone ciò che esiste già vale più di quello che si può immaginare, e perciò ai loro occhi un autore è *soltanto uno scrittore*, ovvero uno che passa il tempo a scrivere, invece di fare qualcos'altro.

Tu, giustamente, a volte ne hai dubitato.

Leggendo le pagine di qualche grande autore, hai avuto la netta sensazione che stesse veramente aggiungendo al mondo le sue storie immaginate, per dimostrare al mondo intero che il mondo non è tutto.

A quel punto, ti sei magari accorto che in fondo non c'è niente di più importante della sensazione che il mondo non sia tutto. Ma poi hai scosso il capo, rassegnandoti a pensare che la letteratura è soltanto letteratura – e che nel mondo così com'è bisogna essere come si è, in mezzo a gente che è soltanto quello che è, e che è quello che la scienza, le leggi dello Stato, i notiziari, i prezzi, i segnali stradali stabiliscono che sia.

Quindi Dostoevskij è soltanto uno *scrittore*, così come tu sei soltanto tu. Sul bel dubbio che così sia si gioca tutta la tua felicità, che è il tema principale di ogni autore memorabile.

I grandi lettori

La felicità è l'idea fissa dei grandi autori, cioè degli autori che non temono di occuparsi di qualcosa di abbastanza grande da riguardare chiunque. I grandi autori sono tutti specialisti del bisogno che si può avere della felicità, e dello sgomento nel constatare quanto la felicità sia lontana da ciò che hai intorno, da ciò che fai e perfino da ciò che riesci a volere. È di questo che ogni grande autore narra.

E ne narra non perché sappia cosa sia la felicità (nessuno lo sa di preciso), ma perché non si accontenta di non saperlo. La cerca, e non trovandola in ciò che esiste già, immagina storie che non sono ancora esistite, e che sono tutte ricerche di felicità.

Crea queste storie, le manda nel mondo e sta a vedere chi sarà più forte: le sue storie, o il mondo che esiste già. Di solito è il mondo, e il grande autore si ritrova così a essere un grande sconfitto. In compenso, ha la soddisfazione di sapersi diverso dal mondo che l'ha battuto; e finché c'è qualcuno di diverso, quel mondo non ha ancora vinto del tutto – come risultò dalla principale storia della letteratura occidentale, il Vangelo. Altro che *soltanto* letteratura.

E appunto qui entri in scena tu, dato che da te, come dicevo, dipende in gran parte la grandezza del grande autore. Il grande autore vuole portarti con sé nel suo immaginare, perché solo tu puoi conferirgli quell'autorità che il mondo così com'è gli nega.

Se tu lo leggi, è perché merita di essere letto, anche se tutti pensano che la scienza, le leggi dello Stato, i notiziari, i prezzi, i segnali stradali meritino la tua attenzione più di ogni altra cosa. E spera che tu arrivi ad amarlo – perché l'amore è più dell'attenzione. Proprio per farsi leggere e amare da te, ha dedicato gran parte della sua vita a immaginare chi sei, come sei davvero, come vivi e come vorresti vivere, che cosa sogni.

Un grosso rischio a cui va incontro in ogni sua pagina è che tu non te la senta di essere, come lui, diverso dal mondo che c'è già.

Che la felicità non ti interessi, perché hai deciso che ti basta desiderare un po' di benessere nel mondo.

Il grande autore fa di tutto perché tu non ti *rassegni* così, e voglia essere grande – più grande del mondo – com'è lui. Almeno per un po'. Almeno nel tuo tempo libero. Cioè quando non vivi da servo di qualcuno o di qualcosa.

Felicità e realtà

Nelle epoche di quel particolare ottimismo che da qualche tempo si chiama "pensiero positivo" – epoche come quella dell'Italia fascista, o della Germania nazista, o della Russia sovietica, o come anche l'epoca attuale, che spero stia giungendo alla fine – ciò che sto dicendo dei grandi autori e dei grandi lettori può facilmente venire screditato: in epoche simili, infatti, si mira a far coincidere la felicità e la realtà. Si ritiene cioè che non ci voglia molto a essere felici nel mondo stabilito dalla scienza, dalle leggi dello Stato, dai notiziari, dai prezzi e dai segnali stradali: basta adeguarsi alle condizioni che vengono imposte, e accontentarsi.

Chi la pensa così è immune da quell'amore che i grandi autori tentano di suscitare. Non ama né i grandi autori gentili, né quelli bruschi – e altre categorie di grandi autori non ce ne sono.

I grandi autori gentili – un loro maestoso esponente, all'epoca di Dostoevskij, era Lev Tolstòj –

sono quelli che ti fanno scorgere ciò che in te c'è di meglio. Ti narrano principalmente destini belli, travagliati magari, ma con finali felici o commoventi: e tu ti ci riconosci volentieri, perché te ne senti nobilitato. In compenso hai la sensazione che un Tolstòj proverebbe simpatia per te, solo a condizione che tu migliorassi nella direzione che lui ti indica.

I grandi autori bruschi – come Dostoevskij – fanno il contrario. Ti fabbricano specchi dei tuoi impulsi peggiori, e tu sorridi in un modo strano mentre li scopri. Poi, per un po', hai fasi di cattivo umore. Ma intanto senti che a questa seconda categoria di autori sei simpatico così come sei. Vorrebbero solo che ammettessi di nascondere tante cose di te.

A chi pensa positivo sia gli uni sia gli altri danno fastidio, appunto perché ti esortano a fare la fatica (sempre grande!) di accorgerti che il mondo di cui ti accontenti non basta al tuo bisogno di felicità. Chi pensa positivo rifiuta questa prospettiva, in base al seguente ragionamento:

Il mondo così com'è è la realtà
e volere qualcosa di più è infelicità;

l'infelicità è la mancanza di qualcosa,
ma se è qualcosa che non si trova nel mondo
così com'è
l'infelicità è solo mancanza di realismo;

felicità è invece non sentire alcuna mancanza;
dunque essere felici è ammettere che il mondo
è la realtà

e, dato che noi vogliamo essere felici,
noi siamo realisti e non ci interessano le irrealtà
che vanno cercando gli *scrittori*.

Il che contribuisce a spiegare perché nelle epoche di pensiero positivo i grandi autori sono pochi, mentre la scienza, le leggi dello Stato, i notiziari, i prezzi e i segnali stradali bastano a rispondere agli interrogativi e a placare i dubbi della maggior parte delle persone.

Come ci si lascia scappare la realtà

Molti grandi autori disprezzano questo punto di vista, e lo ignorano. A Dostoevskij invece piace prenderlo di petto; scrive:

> La realtà noi continuiamo a farcela scappare di sotto al naso. Chi ha la forza, chi ha gli occhi per vedere? Eh sì, perché non solo per creare opere d'arte, ma anche semplicemente per accorgersi di un fatto occorre, in un certo senso, un artista. Prendete un qualsiasi fatto della vita quotidiana, anche di quelli che lì per lì non ti balzano agli occhi, e a guardar bene ci troverete una profondità che non ha uguali nemmeno in Shakespeare.[1]

Shakespeare era il suo scrittore prediletto.

E perché ci sono pochi "artisti", quando tutto richiederebbe artisti? Certamente perché chi si accorge di quella profondità trova analoghe profondità in se stesso, e può averne paura. Su questa paura, Dostoevskij fonda la propria di idea di realismo:

> Anch'io sono realista, ma in un senso più alto, proprio perché io le rappresento, quelle profondità dell'anima

scriveva in un suo taccuino.

Si può avere paura di quelle profondità per due ragioni, strettamente connesse l'una all'altra.

La prima ragione è che vedendo di più, nelle profondità dell'anima, ci si accorge di essere molto più di quel che si credeva, e dunque di avere vissuto troppo poco finora.

La seconda ragione è che, continuando a esplorare le proprie profondità, ci si accorga che cambiare è impossibile – perché laggiù scopri che qualcosa te lo vieta. Da questo divieto interiore, secondo Dostoevskij, dipendono tutti i tuoi problemi, tutta la tua infelicità.

La forza avversa

Anche Dostoevskij – come tanti altri, in ogni epoca – pensa che il mondo sia soprattutto il modo in cui tu vivi il mondo.

> Tutto al mondo è incompiuto, per l'uomo, e intanto il senso di ogni cosa è racchiuso nell'uomo

annotava sul taccuino. Ma non ne deduceva che il tuo mondo dipenda da te, né tantomeno che tu sia libero di cambiare tutto cambiando te stesso.

Il senso di tutto è racchiuso in te, ma chi l'ha appunto *racchiuso*, cioè imprigionato? Perché, per esempio, ci sono aspirazioni, in te, che nel tuo mondo non si realizzano? Può darsi che tu sia arrabbiato con te stesso, e che voglia ingannarti con speranze inutili. Ma come puoi ingannarti se sei tu stesso a ordire l'inganno? Girala come ti pare, ma dovrai comunque ammettere che dentro di te – nelle profondità – c'è anche una qualche forza che interferisce con il tuo mondo, e che lo costruisce a modo suo, che non è affatto il tuo.

Ne *L'idiota*, Dostoevskij la descrive come "una forza oscura, insolente e informe":

Può mai apparire l'immagine di qualcosa di informe? Eppure di tanto in tanto mi sembrava di vedere, in una qualche forma strana e inconcepibile, quella forza infinita, quell'essere sordo, oscuro e muto. Avevo l'impressione, mi ricordo, che qualcuno, prendendomi per il braccio e tenendo una candela in mano, mi mostrasse un'enorme e ripugnante tarantola, e mi assicurasse che era quello l'essere oscuro, sordo e onnipotente, e che ridesse della mia indignazione.

Dostoevskij vuole appunto prendere per il braccio i suoi grandi lettori e mostrare loro quell'*onnipotente*, che, annidato da qualche parte nel profondo, manovra le vicende di tutti.

Dostoevskij e Shakespeare

In questo suo intento, Dostoevskij è molto vicino all'autore che tanto amava, Shakespeare: tanto da far pensare (lo segnalo innanzitutto per gli esperti di letteratura) che avesse preso proprio da lui l'idea di quell'"essere oscuro" che gode nell'esercitare la propria onnipotenza a nostro danno. Nella strana commedia *Misura per misura* Shakespeare pone al centro dell'azione un sovrano, *the Duke*, che si aggira in incognito per la città, e architetta situazioni angosciose, per il gusto di vedere fino a che punto i suoi sudditi riescano a reggere all'angoscia. È probabile che Shakespeare intendesse il *Duke* come metafora del drammaturgo che diventa regista. Ancor più probabile è che lo intendesse come metafora blasfema di Dio. Comunque sia, nella più bella battuta della commedia Shakespeare lo chiama

the old fantastical Duke of dark corners

"il vecchio, fantastico duca degli angoli oscuri".[2] E Dostoevskij adoperava proprio il termine "fantastico" (*fantastìčeskoe*, in russo) quando parlava delle forze ignote che si annidano nelle profondità. Scriveva, per esempio, in un suo articolo:

> Non riusciremo mai a comprendere fino in fondo un fatto; non ne afferreremo né il principio né la fine, che per l'uomo rimangono qualcosa di fantastico.

Citazione o coincidenza? Propendo per la citazione.[3] "Fantastico", nel linguaggio dostoevskiano, significava: opera di una qualche forza *fantastical*, che sembra fare con noi quel che fece il *Duke*. E questa forza-*Duke*-Tarantola è tanto onnipotente che non ne afferriamo né "il principio e la fine", né le ragioni, né lo scopo – non più di quanto un topo afferrerebbe le ragioni degli esperimenti a cui viene sottoposto in un laboratorio.

Affinità

Va da sé che solo grandi lettori, cioè i lettori che avvertono in sé qualcosa di più grande del mondo così com'è, potrebbero tollerare il peso di quell'aggettivo – "onnipotente"! – riferito a una forza che ti intralcia e ti guasta la vita. Qui infatti Dostoevskij viola il confine (da moltissimi ritenuto invalicabile) tra la narrativa e le Sacre Scritture, nelle quali si parla appunto di onnipotenza.

Evidentemente, Dostoevskij si sente in diritto di violare quel confine perché anche nelle Scritture, proprio come nei grandi autori, procede attraverso i secoli una medesima *ricerca di felicità nonostante il mondo*. Da un punto di vista religioso è grave supporre questa continuità: suscita il dubbio che nella Bibbia e nei Vangeli sia rimasto qualcosa di non chiarito, riguardo alla potenza del Male e all'onnipotenza divina. Qualche secolo prima, il rogo sarebbe stata la punizione per le domande che quel dubbio stimola. Per esempio: se il *Duke*-Tarantola è onnipotente, che ne è dell'onnipotenza di Dio? Se il

Duke-Tarantola corrisponde a quello che Gesù chiama "il signore di questo mondo" (Giovanni 14,30), di che cosa è Signore il Dio cristiano?

Ancor oggi tante persone religiose se ne sentirebbero offese. Ma Dostoevskij vuole soltanto provare che la ricerca della tua felicità importava agli antichi profeti tanto quanto ai grandi autori. Che dai primi sia sorta una religione e dagli altri no, non significa che dicano cose tra loro incompatibili, ma solo che i primi sono più antichi, e l'autorità religiosa si tiene ferma alle loro opere, mentre i secondi proseguono. A questo proposito, certi maestri dell'Ortodossia – più tolleranti dei prelati di Roma – avevano proposto nel VII secolo il seguente schema, per rappresentare la compatibilità tra le religioni:[4]

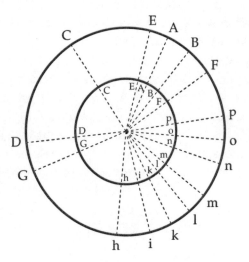

Le lettere disposte intorno alla superficie della sfera maggiore rappresentano le Scritture (A, B, C, D) e le religioni (E, F, G). Alcune sono lontanissime le une dalle altre, e chi guardasse soltanto all'esterno le riterrebbe antitetiche; ma più si va verso il centro, e tanto minore è la distanza tra le profondità di quelle lettere: ci si accorge che convergono o, se preferisci, si irradiano tutte dallo stesso punto. Nulla ci impedisce di aggiungere a questo schema medievale anche i grandi autori, Shakespeare, Dostoevskij e così via (h, i, k, l, m…): il rapporto tra superficie e profondità rimarrebbe lo stesso.

La questione dostoevskiana, naturalmente, è: cosa si trova al centro della sfera?

Poniamo che lì al centro ci sia ciò che le religioni chiamano Dio. In tal caso, il *Duke*-Tarantola dove verrebbe a trovarsi? Forse è a metà strada tra il centro e la superficie, e agisce in modo da impedire a tutti noi di convergere verso la profondità? In tal caso, perché Dio non elimina il *Duke*-Tarantola?

Oppure al centro c'è proprio l'*onnipotente* orribile?

Dostoevskij non esclude questa possibilità, che porrebbe la nostra ricerca della felicità in contrasto non solo con il mondo a noi noto, ma anche con il centro di tutto. L'unica cosa che Dostoevskij avrebbe escluso è che ci si rassegnasse a restare sulla superficie e a fingere che lì in superficie si trovi tutto ciò che occorre sapere. Diceva infatti che "tutto è racchiuso nell'uomo". Dunque anche quel centro lo è, in qualche modo, e non c'è ragione di non volerlo cercare.

CHI FINGE E CHI NO

Un crudele, un invidioso, un perverso

Le "profondità" di Dostoevskij accostate ai testi sacri? Alcuni che lo conobbero avrebbero protestato. Uno di questi, il filosofo Nikolàj Strachov, a lungo suo collaboratore, covò per tutta la vita la convinzione che il mondo dostoevskiano fosse soltanto l'incubo di un egocentrico. Nel 1883 scriveva, perfidamente, a Tolstòj:

> Dostoevskij era un uomo crudele, un invidioso, un perverso. Non riusciva a frenare la propria cattiveria. Lo si vede nei suoi romanzi, che in fondo sono tutti un'autogiustificazione: vogliono dimostrare che la nobiltà d'animo può convivere, in un uomo, con ogni sorta di bassezze. Che nausea, Dio mio! Era veramente un infelice e malvagio, che non amava nessuno eccetto se stesso, e con quanta tenerezza!

Forse Strachov aveva ragione su certi aspetti della vita privata di Dostoevskij, ma l'opinione che aveva sui suoi romanzi va capovolta. C'è, secondo Dostoevskij, un qualcosa-qualcuno di crudele, invidioso e perverso che spadroneggia bassamente nelle vicende del mondo e anche nella profondità di ciascuno di noi; ma al tempo stesso c'è in ognuno di noi una nobiltà d'animo, che ci sforziamo di esprimere nei nostri desideri d'amore, amicizia, bellezza, dolcezza, giustizia.

A Strachov, che non era certo un grande lettore, questa tesi non piaceva solo perché riteneva di essere – a differenza di Dostoevskij – una persona totalmente per bene. Dubito che questo suo punto di vista sia vantaggioso. Se ammetti che sotto la superficie di tutto, e anche sotto la tua, ci sia quel qualcosa-qualcuno "oscuro, sordo, informe e insolente", la tua infelicità e il mondo hanno un senso – sgradevole, certo, ma sul quale puoi riflettere, e al quale puoi almeno tentare di opporti. Altrimenti troppe cose nel mondo sono prive di senso, e puoi solo fingere di non notare quanto questo ti faccia star male.

Il sosia

Ne *Il sosia*, Dostoevskij narra di un individuo che non osa essere se stesso – nemmeno davanti allo specchio – proprio perché vuole apparire una persona per bene. Gli dà il buffo cognome di Goljadkin, che in russo suona come "Nudarelli" (da *golyj*, "nudo"), un *nom parlant* che da subito annuncia ai lettori la fatale inutilità di tale finzione: è chiaro, da quel nome, che tutti vedranno ciò che Goljadkin crede di poter nascondere di sé. Un caso banale, dirai tu, dato che molti tuoi conoscenti sono dei Nudarelli; ma a Dostoevskij interessa la profondità scespiriana di questa banalità. In una delle sue crisi d'angoscia al pensiero di quale impressione stia facendo agli altri, Goljadkin dice fra sé e sé:

> «Ammettere che sono io, o no? Oppure far finta di non essere io, di essere qualcun altro che mi assomiglia in un modo strabiliante, e fare come se niente fosse? Ecco, appunto: non sono io! Io non sono io, e basta.»

È un'eco di Iago, che nell'*Otello* diceva appunto: *"I am not what I am"*.[5] Di Iago, Goljadkin non ha certo l'intelligenza, né la perfida determinazione, né l'eloquenza: è solo un individuo piuttosto stupido; ma gli avviene un caso curiosissimo: rincasando, mogio, dopo aver fatto una meschina figura a una serata di gala, Goljadkin fa conoscenza con uno perfettamente identico a lui, ma dotato di intelligenza, eloquenza e perfida determinazione. Questo suo sosia ("Goljadkin *junior*", lo chiama Dostoevskij) gli diventa amico, con il preciso scopo di guastargli la vita, come Iago fece con Otello, fino a farlo precipitare nella follia. Solo che, a differenza di Iago, "Goljadkin *junior*" alla fine trionfa impunito, e prende il posto di "Goljadkin *senior*", che viene chiuso per sempre in un manicomio.

A te è mai capitato qualcosa del genere? Non avere fretta di rispondere di no. I grandi lettori non hanno mai fretta.

Tu e i sosia

Gli *junior* sono più diffusi di quanto tu pensi. Quanto meno sai essere te stesso, tanto più cresce in te una personalità diversa dalla tua, a te ostile, e che può distruggere il tuo io, se il tuo io è troppo debole per opporlesi. In tal senso, *Il sosia* vale come una parabola sul tema: "A chi non ha sarà tolto anche quello che ha" (Matteo 13,12).

Il guaio è che gli *junior* piacciono a molti (proprio come Iago): sono bravi a fare, dire, volere ciò che nel mondo bisogna fare, dire, volere. Un tuo *junior* può perciò avere successo, mentre il tuo io si sgomenta e si disgrega. E prima di venirne definitivamente schiacciato, il tuo io potrà magari avere l'impressione che lo *junior* sia la tua personalità autentica, e che tu, e non lui, sia il sosia: un sosia superfluo, irreale, di cui sbarazzarsi. E va da sé che il mondo del *Duke* si regge sulla riuscita degli *junior*. Quanti ne hai visti, davvero, di casi simili, banali e tremendi.

Quasi cinquant'anni dopo la pubblicazione de *Il sosia*, Stevenson ne trasse l'idea per *Lo strano caso del dottor Jekyll e di Mister Hyde*.

> La verità è che l'uomo non è veramente uno, ma è veramente due

fa dire Stevenson, molto dostoevskianamente, al suo Jekyll.[6] Jekyll e Hyde sono "due" in uno: Hyde è rappresentato da Stevenson come un brutale, sconcio mostro, che Jekyll tenta di nascondere (*hide*) a tutti. Il finale della novella di Stevenson è purtroppo vittoriano: Jekyll, uccidendosi, annienta anche Hyde, così che "lo strano caso" possa dirsi chiuso. Dostoevskij preferisce prospettarti un mondo in cui gli abbietti *junior*, non mostruosi ma addirittura *charmant*, fanno carriera.

Il trionfatore

In altri romanzi, nei racconti e anche negli articoli, Dostoevskij torna spesso a precisare la personalità degli *junior*, destinandoli sempre a una qualche forma di successo finanziario, o sociale. Ne presenta diversi tipi: impiegati, dirigenti, nobili, parassiti, terroristi, intellettuali, scrittori trionfanti – tutti perfettamente adattati al mondo così com'è. Il segreto del loro adattamento è sempre una tronfia, inconsapevole mediocrità. Non hanno nessuna qualità speciale, né idee proprie, eppure credono fermamente di essere personalità fuori dal comune. Se avvertono in sé un barlume di sentimento elevato, magari per aver letto qualcosa, credono subito di essere all'avanguardia del Progresso dell'umanità. Se trovano bella una qualsiasi cosa, sono certi di avere un insuperabile buon gusto. Ve ne sono alcuni di molto ottusi, e ciò permette loro di ritenere d'aver ragione fino all'ultimo istante di vita. Altri sono "molto più intelligenti" – come rileva acidamente Dostoevskij, ne *L'idiota* – e talvolta soffrono, notando che il mondo non li onora abbastanza; allora ne danno la colpa agli impegni che devono sobbarcarsi per il lavoro, per la famiglia, o magari a qualche vecchio trauma.

Per indicare l'insieme di queste cattive qualità la lingua russa ha un termine interessante, privo di equivalenti nelle lingue europee:

pošlost'

letteralmente: "ciò che ormai è andato". Questo "essere andato" può intendersi in vario modo. Esprime il ribrezzo di chi si accorge della *pošlost'* di altre persone, e vorrebbe soltanto distoglierne lo sguardo, lasciarle perdere. Esprime il modo in cui si comincia ad assomigliare a loro, lasciandosi andare alla *pošlost'*, come a un vizio che non ci mette molto a diventare cronico. In un'accezione più generale, esprime l'influsso che la *pošlost'* ha sulla società intera, dato il gran numero di coloro in cui si è cronicizzata: una deriva, per la quale il mondo va come va e non ci si può far niente. In questo senso, possiamo dire che la *pošlost'* sta alla felicità come uno *junior* trionfante starebbe al tuo vero io. Tu, nella tua qualità di grande lettore, sei naturalmente tenuto a scegliere tra le due possibilità, e se scegli il tuo vero io è inevitabile che molti, attorno a te, suscitino la tua indignazione.

Al di sotto della superficie

Dostoevskij affida il compito di predicare questa indignazione al protagonista delle *Memorie dal sottosuolo*, un romanzo in forma di monologo, rivolto in forma polemica a tutti gli *junior* del mondo. Nelle *Memorie*, questi tutti sono chiamati sprezzantemente "voi, cari signori", e il protagonista chiama se stesso sempre e soltanto "io" – trasgredendo a quella norma del realismo che impone di fornire le generalità di ogni personaggio. L'intento di tale trasgressione è di origine evangelica: "voi" e "io" sono i due poli dei più veementi discorsi di Giovanni Battista e di Gesù. Il Battista esclamava:

> Io sono la voce di uno che grida nel deserto: raddrizzate la via del Signore! (Giovanni 1,23)

E Gesù altercava con le folle:

> Il mondo non può odiare voi, invece odia me, perché io dimostro che quel che il mondo fa è male! (Giovanni 7,7)

"Io", nelle *Memorie*, apostrofa i "voi":

Continuate a non capire, signori miei?

Così come Gesù nel Discorso della Montagna se la prendeva con "voi che siete sazi, voi che ora ridete, voi di cui tutti parlano bene" (Luca 6,25-26), allo stesso modo, nelle *Memorie*, "io" si indigna immaginandosi le obiezioni che potrebbero sollevargli i "voi"-*junior*, si immagina di controbattere, e di riuscire soltanto a suscitare il disprezzo e le risate sarcastiche dei "voi". Allora, fa qualcosa che ai grandi lettori ricorderà il Calvario. Come Cristo aveva accettato di venire malmenato, umiliato e crocifisso, così "io" accetta quel disprezzo dei "voi", se lo autoinfligge esasperandolo. Riconosce che i suoi discorsi sono soltanto roba da "sottosuolo" – termine che in russo (*podpol'e*) indica l'intercapedine tra i pavimenti di legno e il terreno, nella quale brulicano i topi. E di sé, dice di essere uno che

> si ritiene davvero un topo, e non un uomo. Uno che di sua propria volontà si considera un topo; così, senza che nessuno glielo chieda, e questo è un punto di grande importanza.

Noi capiamo il senso doloroso di quel sottosuolo, se rammentiamo le idee di Dostoevskij sulla profondità.

Dietro alla sua autoumiliazione c'è il timore che quella profondità possa non contare mai nulla, nel mondo degli *junior* trionfanti. "Io" vede le cose in modo troppo diverso da come le si vede in superficie: ha dubbi che a lui sembrano enormi, e che agli occhi degli *junior* devono risultare insignificanti.

Anche a te dev'essere capitato. E tante volte hai preferito lasciare i tuoi dubbi nel sottosuolo e non pensarci più, per evitare attriti con il mondo.

"Io" invece si immagina di tener duro. Topo o non topo, non importa quanto umiliato, continua a opporsi alle certezze dei "voi". Anche in nome dei tuoi dubbi dimenticati.

Il bisogno di certezze

Dalla sua topaia, "io" aggredisce a colpi di paradossi le certezze degli *junior*. Per esempio, non c'è *junior* che non sappia per certo di voler stare bene; e "io" protesta con veemenza:

> Ma perché voialtri siete così fermamente, così solennemente certi che soltanto il benessere sia desiderabile, per l'uomo? Non potrebbe darsi che l'uomo ami in egual misura anche la sofferenza? ... Sì, l'uomo certe volte ama tremendamente la sofferenza, addirittura fino alla passione; è un fatto.

Solo il bisogno di certezze impedisce alla gente lassù di accorgersi di questo fatto, e di accorgersi di quanto il mondo sia brutto proprio perché l'umanità nutre questo "fantastico" amore per la sofferenza. Agli *junior* quest'amore per la sofferenza appare soltanto anormale:

> Ma in base a che cosa ci si è andati a immaginare che all'uomo occorra assolutamente un modo di volere normale, sensato e vantaggioso?

I "voi" ne sono convinti soltanto perché vogliono proteggere il loro mondo dal dubbio che valga la pena adattarcisi. Sanno che se provassero anche loro a guardare nella propria profondità, si accorgerebbero di non vedere l'ora di disobbedire a ciò che è normale e sensato. Mentono, dunque. Le certezze sono menzogne.

Il paradosso del mentitore

Non solo le certezze sono menzogne, ma chi si aggrappa alle certezze mente male, per paura e per conformismo. L'"io" delle *Memorie* pensa che si possa fare molto di meglio, con le menzogne, e lo dimostra fin dalle prime pagine, ogni volta che parla di sé.

Dice "io sono un uomo malato", e poco dopo ammette che non è vero. Poi dice di nutrire rispetto per la scienza, e per la medicina in particolare, ma di essere anche molto superstizioso, "perlomeno quanto basta per aver rispetto della medicina". Ripete spesso di essere una persona cattiva, e poi confessa: "Comunque ho mentito, quando ho detto che sono cattivo. Per cattiveria ho mentito. Facevo solamente un po' i capricci". E così via.

In tal modo, sta giocando a nascondino con quello che da millenni gli studiosi di logica chiamano il paradosso del mentitore. È un problema di difficile soluzione, e si ha quando una frase nega se stessa. Per esempio, della frase "io non dico mai la verità" sarebbe impossibile dimostrare che sia vera o che sia falsa; se infatti fosse vera, sarebbe falsa, perché quel "mai" diventerebbe una bugia; e paradossalmente sarebbe vera solo se fosse falsa, ma in tal caso si tratterebbe della verità di un bugiardo, comunque contraddittoria.

All'"io" non interessa risolvere questo problema logico:[7] vuole soltanto metterne in evidenza il valore strategico. È bene, secondo lui, autonegarsi, perché se ti autoneghi nessuno saprà chi sei davvero – nemmeno tu, se riesci a confonderti abbastanza con le tue autonegazioni. E se non sai chi sei, non sarai mai sicuro di te: dunque non sarai mai prevedibile, e perciò sarai libero, perché essere liberi è essere imprevedibili. Questo conta più di tutto, per l'"io" del sottosuolo:

> Ciò che occorre all'uomo è soltanto la sua libera volontà, qualunque cosa dovesse costargli e a qualunque esito dovesse portarlo.

Ma nel mondo delle certezze la libertà individuale gli sembra seriamente minacciata.

Se due per due fa quattro

"Io" è sicuro che tra le certezze a cui i "voi" si aggrappano ce ne sono alcune che annienteranno il loro libero arbitrio. E punta il dito contro le scienze, e in particolar modo contro il loro certissimo fondamento, la matematica: lì – dice – è il pericolo!

Che importa a me delle leggi della natura e dell'aritmetica, se per un qualsiasi motivo queste leggi e il *due per due quattro* a me non piacciono? Il due per due quattro è davvero una cosa insopportabilissima. Due per due quattro non è già più la vita, signori miei, ma il principio della morte.

E infatti eccola, la morte della libertà: basterà che un bel giorno si applichi la matematica all'esistenza, e

allora tutte le azioni umane verranno computate in base alle leggi matematiche, un po' come le tabelle dei logaritmi, fino a 108.000, e riportate in un almanacco, e appariranno volumi, del tipo degli odierni lessici enciclopedici, in cui si troverà tutto calcolato e indicato con una tale precisione, che al mondo non ci saranno più né azioni notevoli né avventure. Allora si creeranno nuovi rapporti economici, calcolati anch'essi con precisione, sicché spariranno di colpo tutti i possibili problemi, per l'evidente ragione che vi saranno già tutte le possibili risposte. L'uomo non dovrà più sentirsi responsabile delle sue azioni, e la vita gli diverrà straordinariamente facile...

Anche la matematica può dunque diventare uno strumento del *Duke*. Basta solo che tu sappia svolgere bene le operazioni, senza chiederti se il due per due quattro *ti piaccia* o no. Il risultato – garantisce Dostoevskij – sarà la fine della libertà, e di conseguenza anche della ricerca della felicità: non perché quella vita "straordinariamente facile" sarà la felicità finalmente trovata, ma perché avrai perduto la capacità di cercare.

Per chi è bravo in matematica

L'io-topo sta delirando, qui?

Lo si sarebbe potuto pensare quando le *Memorie* vennero pubblicate, nel 1864. Ma settant'anni dopo Kurt Gödel dimostrò che *la matematica non può essere utilizzata per provare la sua stessa coerenza.* È il famoso Secondo Teorema di Incompletezza, ed ebbe conseguenze enormi. Ne derivò che in matematica due per due fa quattro soltanto perché al "due", al "quattro" e al "per" la matematica assegna un determinato significato. Perché ritenere che quel significato sia l'unico possibile? La matematica è soltanto un linguaggio, e adoperarla (come si fece fino agli anni Trenta) come criterio fondamentale per descrivere la realtà è una limitazione della conoscenza, tanto quanto lo sarebbe il credere che una qualsiasi lingua esprima tutto ciò che passa per le menti dell'umanità. Così, Gödel diede ragione all'"io" delle

Memorie dal sottosuolo. È giusto e importante far caso a ciò che nelle certezze scientifiche "non ti piace" – perché in quel non piacerti si esprime una realtà che le certezze scientifiche non arrivano ad afferrare.

Il Palazzo di Cristallo

Quanto alla programmazione scientifica della psiche, l'incubo dell'io-topo venne ripreso da vari autori del Novecento. Nel 1920 Evgenij Zamjàtin, nel romanzo *Noi*, descrisse una società in cui il libero arbitrio viene definitivamente eliminato proprio attraverso un controllo delle menti matematizzato. Altri dostoevskiani, come Aldous Huxley, nel romanzo *Il mondo nuovo*, e George Orwell, in *1984*, ribadirono questo pericolo. Non servì. A partire dagli anni Venti, in buona parte d'Europa il controllo e il condizionamento delle coscienze divennero obiettivi concreti dei governi.

Quanto sia ancor oggi attraente questa prospettiva lo si vede dal funzionalismo, una delle principali correnti della filosofia anglosassone, che teorizza in tutta serietà la somiglianza tra la mente umana e il computer: e quale statista non sarebbe interessato alle conseguenze pratiche di una simile teoria? Tanto più che sarebbe facile avverarla:

basterebbe che la gente accettasse l'idea di essere computabile, e lo diverrebbe – dato che la nostra mente tende a funzionare come crede di funzionare. Non è capitato anche a te di comportarti in modo colpevole, solo perché ti avevano fatto sentire in colpa? Per lo stesso motivo è probabile che ti comporteresti in maniera prevedibile, anzi *già prevista*, se sapessi che così bisogna, perché tutti se lo aspettano da te.

E chissà, magari ti sembrerebbe che sia molto meglio, molto più "normale", vivere così.

Dostoevskij aveva cominciato a temerlo già nel 1862, quando, durante un suo breve viaggio turistico a Londra, era andato a visitare il Crystal Palace. Era un enorme edificio in ferro e vetro (ottantaquattromila metri quadrati) costruito in occasione dell'Esposizione Universale. Dostoevskij vi si era sentito soverchiato. Il Palazzo di Cristallo era bello, luminoso, razionale in ogni dettaglio. Voleva essere l'emblema dell'imminente società industrializzata – in cui il singolo individuo non contasse più nulla di per sé, eppure godesse di comodità che le generazioni precedenti non si erano mai sognate. "Cos'altro sognare? In cos'altro sperare?" pareva dire quello scintillante capolavoro d'architettura.

Dostoevskij lo odiò. Nelle *Memorie*, scrisse che sarebbe stato adatto solo *"aux animaux domestiques*, quali per esempio le formiche, le pecore ecc." ma non agli esseri umani. E continuò per anni a immaginarsene il peggio possibile. Nel 1871, nei *Demoni*, immaginò come si sarebbe potuta sviluppare l'ideologia di quella razionalizzazione della società: prefigurò un sistema in cui

> tutti sono schiavi, e nella schiavitù sono uguali. Non occorrono doti superiori! Le doti superiori corrompono, e non giovano: bisogna schiacciarle o sopprimerle. A Cicerone si taglia la lingua, Shakespeare lo lapidiamo. Nel gregge ci deve essere l'uguaglianza! Ah ah ah, vi risulta strano? Al mondo serve una sola cosa: l'obbedienza. Noi faremo morire il desiderio: diffonderemo le sbornie, le calunnie, le denunce; spargeremo una corruzione inaudita; spegneremo ogni genio nelle fasce. È indispensabile solo l'indispensabile, ecco la vera impresa mondiale, d'ora in avanti. Ma occorre anche la crisi convulsiva; e a quella penseremo noi, i capi. Gli schiavi devono avere dei capi. Totale obbedienza, totale assenza di personalità, ma una volta ogni trent'anni ci dovrà essere la crisi, e tutti cominceranno a divorarsi l'un l'altro, fino a un certo punto, s'intende, e unicamente per evitare la noia...

Dostoevskij non si sbagliò di molto. Il maggior problema degli Stati totalitari del Novecento furono i difetti nella gestione delle "crisi convulsive". Oggi si è imparato a gestirle meglio. Quello che Dostoevskij non previde è che la nostra civiltà sarebbe stata addestrata a ritenere indispensabile non soltanto l'indispensabile, ma anche il superfluo; e che i desideri, invece di venir "fatti morire", sarebbero stati più convenientemente manipolati dalla pubblicità. Per il resto, questo programma dei *Demoni* è un'ammirevole anticipazione di certe tendenze della nostra infelice civiltà, che i grandi lettori non faticano a riconoscere ancor oggi.

Che fare?

Dostoevskij sapeva, d'altronde, che nulla complica la vita di un grande autore quanto il fare anticipazioni sulla civiltà. Il minimo che ti possa capitare, se pubblichi cose del genere, è il dover trasformare te stesso in un tuo personaggio. Non puoi, infatti, annunciarle e poi fare come se niente fosse. Devi tentare di impedirle, anche se tu sei stato l'unico ad averle pensate. Ed è proprio come quando, lavorando a un romanzo, costruisci il carattere e le vicende dei personaggi in vista del finale che hai già deciso: allo stesso modo, dopo aver previsto il futuro della gente, sei obbligato a costruire le tue opere successive e te stesso in vista delle tue stesse previsioni. Così era stato nel 1863 per Nikolàj Černyševskij, famoso leader della gioventù radicale: aveva previsto grandi mutamenti e propugnato riforme decisive, alle quali le autorità russe non avevano alcuna intenzione di acconsentire, e si comportò di conseguenza. Dapprima provocò quelle stesse autorità, con i suoi articoli, fino a che venne arrestato; e in carcere scrisse il romanzo *Che fare?*, in cui i protagonisti si dedicano con eroica abnegazione agli ideali rivoluzionari (tra parentesi, il Crystal Palace londinese assurge in quel romanzo a simbolo di una società magnificamente socialista). Al tempo in cui Dostoevskij lavorava alle *Memorie*, Černyševskij era considerato da tutti una figura eroica.

L'io-topo delle *Memorie*, invece, non aveva la minima idea di come comportarsi, dopo aver annunciato la computabilità delle azioni umane e i *dark corners* dell'ideale del Palazzo di Cristallo.

Che fare contro gli *junior* e contro la matematica? L'io-topo a volte scherza amaramente sul suo non saperlo: solo le persone intelligenti – dice – possono accorgersi dell'involuzione che minaccia la civiltà, ma "una persona intelligente ha il dovere, anzi l'obbligo morale di essere una creatura priva di determinazione" e ciò perché l'impulso ad agire è inversamente proporzionale alla libertà di *desiderare qualcos'altro* – il che per l'io-topo è il principale indicatore dell'intelligenza:

> Perciò, signori miei, alla fin fine è meglio non fare niente! È meglio la consapevole inerzia! E dunque evviva il sottosuolo!

Sembra un ragionamento ma non lo è. È solo disperazione. E subito dopo averla enunciata, l'"io" passa a sostenere il contrario, in maniera ancor più disperata:

Ma sto mentendo di nuovo! E mento perché mi è perfettamente chiaro, come un due per due, che la miglior cosa non è affatto il sottosuolo bensì qualcos'altro, un qualcosa di completamente diverso, che io bramo ma che non riesco in nessun modo a trovare! Al diavolo il sottosuolo!

In realtà, non sta mentendo né qui né prima; sta solo esplorando il proprio sgomento. Sa cosa gli manca, non come fare a raggiungerlo! Lo squassa il dubbio che contro il *Duke* nascosto nella profondità del mondo, e anche nella tua, non esista rimedio, e che di questa irrimediabilità si possa soltanto parlare, parlare, parlare.

Anticipazioni patologiche

"Be', è nevrosi" direbbe oggi uno psicanalista, "Dostoevskij ha proprio indovinato il tipo del nevrotico, quarant'anni prima di Freud."

La sintomatologia infatti corrisponderebbe. Il nevrotico, proprio come l'io-topo, vuole sentirsi diverso, ma la sua diversità, proprio come quella dell'io-topo, è ridondante e non porta a nulla: la coltiva tra sé e sé, ma ha l'insopprimibile sensazione che, se la manifestasse tra la gente, verrebbe ridicolizzato. Anche per questo il nevrotico è tremendamente suscettibile, sempre in difesa, oppure prepotente, litigioso, sprezzante – proprio come l'io-topo nei riguardi dei "voi". La sua morbosità nasconde solo una gran paura di agire, di crescere. Il suo dubbio che non ci sia rimedio è soltanto il sintomo di una malattia da curare.

Sia pure. Ma il problema è che "malato", quando si tratta di psiche, è sempre una parola incerta: non sai mai se sia una constatazione o un giudizio di valore. Gli specialisti chiamano "malato" un comportamento che non corrisponde alle esigenze della società e qualcosa in loro dà generalmente per scontato che quelle esigenze siano giuste, così che dicendo "malato" intendono dire, in realtà, *sbagliato*. Ma siamo sicuri che sia sbagliato voler essere diversi dal mondo dominato dal *Duke*?

In tal senso, l'uomo-topo non è tanto un nevrotico quanto un maestro di una resistenza al mondo, che la psicanalisi sistemò poi, chiamandola nevrosi. Il guaio è che anche questo ruolo risulta d'un tratto al di là delle sue possibilità.

La tentazione

"Io" si candida a maestro di pensiero soltanto nella prima parte delle *Memorie*. Poi d'un tratto confessa un suo lato abominevole. Racconta che una sera, in una camera di bordello, prima di pagare e andarsene si è fermato a conversare con la giovanissima prostituta. E si è divertito a tentarla:

«... potresti sposarti, essere felice.»
«Mica tutte quelle sposate sono felici» tagliò corto lei.
«Mica tutte, certo. Ma è sempre molto meglio che stare qui. Non c'è paragone, sai...»

Le ha parlato di com'è bello avere una casa, un marito che ti vuole bene, e ti coccola, e i bambini, "sai, un bambino tutto roseo, paffuto, che se ne sta lì quieto nel suo lettino". Tu invece, le dice, morirai presto, di tisi, e nella fossa

avrai un bel bussare al tuo coperchio di legno: lasciatemi vivere ancora un pochino! Io ho vissuto ma non l'ho vista mai, la vita. Se la sono bevuta all'osteria, la mia vita...

e continua di questo passo fino a che lei non scoppia in un pianto straziante, mordendo il cuscino perché da fuori non si senta.

E lui rimane a fissarla, accorgendosi di provare un orrore identico al suo. L'orrore del desiderio di una vita felice, che neanche lui conoscerà mai, proprio come lei. E tormentandola prova la vertigine di sentirsi, per una volta, in tutto e per tutto simile al Dio dei teologi, che fa sognare agli uomini un Paradiso incomparabile con il mondo in cui sono condannati a vivere e sembra compiacersi della loro disperazione. Così come Cristo aveva preso su di sé i peccati degli uomini, qui l'uomo-topo prende su di sé la crudeltà del Dio dei teologi.

"Condanna me invece di loro" intendeva dire Cristo a Dio, riguardo agli uomini.

"Se condannate me" intende dire l'io-topo ai suoi grandi lettori, "dovete condannare anche Dio."

E questa vertigine lo sprofonda nello sgomento.

Gli ultimi momenti
del condannato a morte

C'è un episodio della vita di Dostoevskij che contribuisce a farci intendere meglio sia il crudele finale delle *Memorie*, sia l'incapacità dostoevskiana di trovare risposte al problema del *Duke*-Tarantola.

Nel 1849, a ventisette anni, Dostoevskij era stato arrestato, per aver frequentato un circolo in cui ogni tanto si discuteva di libri filosofici e politici stranieri, vietati dalla censura russa. Il tribunale condannò lui e alcuni membri del circolo alla fucilazione. Qualche settimana dopo – era un mattino di novembre – li condussero al luogo dell'esecuzione. Assistettero ai preparativi, guardando la gente (le esecuzioni erano pubbliche), il cielo terso e le cupole dorate delle chiese vicine. Che fare, nell'attesa? Cosa pensare di quella condizione senza scampo, in cui tutti e tutto attendono che tu muoia? E così dev'essere perché qualcuno lo vuole, e tu non sei nulla davanti a quel qualcuno. Hai solo la libertà di decidere cosa pensare, ancora per poco. Oppure la libertà di non pensare affatto.

Poi, poco prima che i condannati venissero legati ai pali, un corriere portò la notizia che la pena era stata commutata in dieci anni di lavori forzati in Siberia. Probabilmente lo zar – proprio come in *Misura per misura*! – aveva architettato quel colpo di scena perché la gente gioisse della sua clemenza. Alcuni biografi suppongono che da quel giorno Dostoevskij cominciò a soffrire d'epilessia. Molto più interessante è figurarsi le conseguenze che ebbe su di lui l'esperienza di *quella libertà di pensare ancora per poco* – e poi della galera, in cui del tuo pensare o non pensare non importava proprio a nessuno.

Comprendiamo qui quanto dovesse costare, a Dostoevskij, la frase del suo io-topo: "Meglio non fare niente!". Forse è addirittura meglio non pensare niente? La prostituta delle *Memorie* preferiva non pensare.

> «Ma che pensi, di'. Sei su una buona strada tu, eh?»
>
> «Io non penso niente.»
>
> «Appunto questo è il male, che tu non pensi. Apri gli occhi finché sei in tempo. E tu sei ancora in tempo...»

L'uomo-topo invece vuole pensare e farti pensare. Si rivolge alla disgraziata ragazza così come si sarebbe rivolto a se stesso quel mattino di novembre, e le descrive la sua condizione dolorosa nella speranza che qualcosa succeda:

> Così questo dolore non morrà più, dentro di lei, e la eleverà e la purificherà... con l'odio... mh... magari anche con il perdono. Già, ma d'altronde... le riuscirà più facile, poi, sopportare?

Perdonare. Chi? Perdonare il Dio-*Duke*? A non voler far finta di nulla, è a questo che si arriva, per quanto sorprendente sia, a prima vista, immaginarsi un uomo che perdona Dio di aver organizzato male il mondo.

Ma ci sono protagonisti dostoevskiani che di questo perdono non vogliono nemmeno sentire parlare. Ivàn Karamazov, per esempio, esclama:

> C'è al mondo un solo essere che possa perdonare le sofferenze dell'umanità e che ne abbia il diritto? L'ingresso in Paradiso non è per le nostre tasche. Perciò mi affretto a restituire il mio biglietto. Non è che io rifiuti Dio, sai: è solo che gli ridò rispettosamente il biglietto.

Altri sopportano, perdonano, e si perdonano di aver osato perdonare Dio. Ma sentono che non basta. Ci deve pur essere una soluzione diversa e migliore di un mondo in cui (come negarlo?) siamo tutti carcerati in attesa della nostra esecuzione, che ogni giorno viene rimandata.

ALCUNE SOLUZIONI
CHE BASTANO AD ALTRI

Il regno del diavolo

"Io sono fiero" annotava Dostoevskij nel 1875, per un articolo che poi non scrisse, "di essere stato il primo, il solo a mostrare la tragicità del sottosuolo, che consiste in sofferenze, in autopunizioni, nella coscienza del bene e dell'impossibilità di raggiungerlo, e soprattutto nella convinzione che sia così in ogni persona, e che perciò non valga la pena di correggersi!"

Non stava parlando, qui, solo delle *Memorie dal sottosuolo*, ma di tutta la sua opera narrativa. È sufficiente dare una scorsa ai titoli pubblicati da Dostoevskij, per intuire quanto pesasse in lui il dubbio sulla raggiungibilità del bene:

Povera gente, 1844
Il sosia, 1845
Il signor Procharčin, 1846
La padrona, 1847
Polzunkov, 1847
Un cuore debole, 1848

Il ladro onesto, 1848
Le notti bianche, 1848

(qui ci fu la lunga inattività imposta dalla detenzione in Siberia e poi dal periodo di confino, obbligatorio per gli ex forzati)

Il villaggio di Stepànčikovo e i suoi abitanti, del 1858
Il sogno dello zio, 1859
Memorie dalla casa dei morti, 1861
Umiliati e offesi, 1861
Note invernali su impressioni estive, 1863
Memorie dal sottosuolo, 1864
Una brutta faccenda, 1865
Il coccodrillo, 1865
Il giocatore, 1866
Delitto e castigo, 1866
L'idiota, 1869
L'eterno marito, 1870
I demoni, 1871
Bobòk, 1873
L'adolescente, 1875
La mite, 1876
Il sogno di un uomo ridicolo, 1877
I fratelli Karamazov, 1881

e così via. Eccezion fatta per una mezza dozzina di titoli incentrati sul cognome, l'età o la professione dei protagonisti, o sul luogo in cui è ambientata la loro vicenda, tutti gli altri fanno pensare a un pessimista che faccia del sarcasmo su quel minimo di speranza che può ancora rintracciare in se stesso. Ma come dargli torto: l'idea che "non valga la pena" determina da sempre le opinioni dell'Occidente sulla condizione umana. Non per nulla nei Vangeli non può non esserci un Giuda che rovina tutto, e nell'universo non può non esserci il diavolo. Nel racconto *Il sogno di un uomo ridicolo* l'argomento è trattato con geometrica spietatezza: è la storia di un uomo che, una notte, sogna di giungere su un meraviglioso pianeta dove tutti sono felici e cordiali. Quell'uomo condivide la loro felicità, ma scopre ben presto di essere "un atomo di peste", e di aver portato su quel pianeta la menzogna, e con la menzogna la gelosia, e l'odio, la crudeltà, e ogni sorta di vizi – dimodoché anche quel pianeta comincia a diventare tale e quale alla Terra.

Siamo atomi di peste. Se così stanno le cose, bisogna accettare che "il diavolo regnerà sempre, e sempre nello stesso modo, sull'umanità", come dice il giovane aspirante suicida Ippolìt ne *L'idiota*. Si direbbe dunque che la ricerca della felicità sia impossibile: sia pure! In tutti i romanzi di Dostoevskij c'è qualcuno che dalle imprese impossibili – e quindi inutili – è irresistibilmente attratto, perché aspira al ruolo di eroe contro un mondo intero.

Kirillov

Di questi eroismi il più atroce è quello dei non pochi suicidi dostoevskiani – che hanno il loro massimo esponente nel Kirillov dei *Demoni*.

Il punto di vista di Kirillov poggia su un audace, lucido capovolgimento del problema della felicità: se il mondo è dominato da un Qualcuno (Kirillov lo chiama Dio) che ha privato gli uomini della loro libertà e quindi anche della loro felicità, è solo perché gli uomini accettano di vivere in questo mondo. Quel Qualcuno fa leva sul loro attaccamento alla vita, e l'attaccamento alla vita è dovuto soltanto alla paura della morte. Dunque se uno ha il coraggio di uccidersi, quel Qualcuno è sconfitto. E anche nel caso (ritenuto più probabile da Kirillov) che quel Qualcuno non esista affatto, ma sia soltanto una personificazione dei limiti che l'uomo stesso ha posto da millenni al proprio libero arbitrio, il suicida sarebbe comunque un eroe liberatore, che si immola per dimostrare che si può essere più forti di quei limiti.

Con questo piano in mente, Kirillov si prepara a lungo alla morte. È necessario che la preparazione sia lunga: perché il suo suicidio sia autentica espressione di libertà, vuole compierlo in condizioni di perfetta salute; per mesi mangia dunque abbondantemente, si astiene dagli alcolici e fa ginnastica. Infine passa all'azione. Dostoevskij descrive avidamente gli ultimi istanti: la stanza buia, la pistola, lo sgomento dell'attesa, che rasenta la pazzia (in cui Kirillov non vuole cadere, perché deve essere sano anche di mente!) e poi lo sparo.

Dostoevskij tornò a sviluppare questa situazione in altri romanzi: ne *L'idiota*, con il tentato suicidio di Ippolìt, ne *L'adolescente*, con il suicidio di Kraft. Difficile dire se ne fosse affascinato o ossessionato. Propendo per il fascino – anche perché c'erano precedenti illustri.

> Morire, dormire. Nient'altro. E dire
> che con un sonno noi mettiamo fine
> al crepacuore e alle mille ingiurie naturali
> di cui la carne è erede ... è un compimento
> da desiderarsi devotamente

aveva detto Amleto. Suicidi per disperato amore di libertà furono anche Socrate, Seneca e perfino Gesù, la cui frase "Nessuno mi toglie la vita, io la do, ho il potere di darla" (Giovanni 10,18) doveva piacere a Kirillov. Doveva piacergli anche la filosofia di Schopenhauer, che rappresentava l'universo dominato, in ogni suo aspetto, da una entità impersonale, cieca, immensa, onnipresente, inesorabile: Schopenhauer la chiamava "la Volontà", perché riteneva che si manifestasse in ogni volizione, o aspirazione, o desiderio, ed esortava a combatterla, rifiutandosi di volere qualsiasi cosa all'infuori del suicidio. Kirillov – che da buon russo non sopportava le teorie fini a se stesse – decise di mettere in pratica.

Poteva andare, come risposta al "che fare?" lasciato in sospeso dall'"io" del sottosuolo? Certo, Kirillov, Schopenhauer, Socrate, Gesù e l'ipotesi di Amleto erano nobilissimi, nella loro abnegazione assoluta. Invece di limitarsi a frasi autoneganti, autonegavano l'esistenza. Ma la loro trovata, oltre a essere tremendamente triste, a ben guardare aveva il grave difetto di eliminare la questione, invece di risolverla.

La questione era un'incompatibilità tra il mondo così com'è e l'uomo in cerca della felicità.

E i teorici e i pratici del suicidio toglievano di mezzo l'uomo.

Dostoevskij era troppo ghiotto di filosofia, per non notare che questa soluzione zoppicava.

Rousseau

Aveva d'altronde esplorato avidamente i filosofi allora in voga, in cerca di risposte migliori sulla felicità.

Se Schopenhauer era il più tetro, Jean-Jacques Rousseau era il più ottimista. Rousseau riteneva che la felicità fosse possibile nel mondo, ma a una condizione: che la si costruisse e la si godesse in privato. Dopo una lunga iperattività politica, aveva deciso che la vita in società è troppo finta, convulsa, competitiva, e che in nessun caso potesse essere altrimenti: dunque – aveva stabilito Rousseau – è felice solo chi si tiene lontano dalla popolazione, senza sentirne la mancanza, il che è possibile soltanto garantendosi un alto grado di agiatezza. Il lavoro, infatti, obbligherebbe a mantenere qualche rapporto sociale. Sicché la soluzione roussoviana consisteva nel disporre di un solido capitale e appartarsi in un luogo piacevole in cui:

> non vi sia nulla d'estraneo a noi, e nulla conti
> se non noi stessi e la nostra esistenza: finché que-
> sto stato dura, siamo autosufficienti come Dio.[8]

Il paragone con Dio interessava particolarmente, a Rousseau: anche Wolmar, il protagonista de
La Nouvelle Héloïse, nella sua bella casa di campagna si sente "felice come Dio", ed è pronto a di-
fendere questa sua felicità contro ogni dubbio o
turbamento. I benestanti di tutti i continenti non
potevano che sentirsene lusingati. A Dostoevskij,
dava i brividi: quel sentirsi "felici come Dio" sapeva terribilmente di *pošlost'*.

Kant

Accanto ai volumi di Rousseau, nella biblioteca di Dostoevskij aveva un posto importante Kant. E sulla felicità, Kant disponeva di concezioni più robuste di quelle di Rousseau. Riconosceva che è naturale voler essere felici, ma condannava la ricerca di una felicità personale: a suo dire era troppo egoistica, e troppo passiva, poiché chiunque vuol essere felice in privato non fa che obbedire a perenni capricci, invece di adoperare la ragione – che per Kant era la massima espressione della natura umana. Nei riguardi della felicità vi sono, secondo Kant, soltanto due atteggiamenti razionali: il primo consiste nell'ignorare il bisogno di felicità, preferendo la "contentezza di sé" (quella che oggi si chiamerebbe autostima) e fondando su di essa la propria dignità personale; il secondo atteggiamento, mirabile, consiste nell'identificare la felicità con il "sommo bene", cioè con il bene dell'umanità intera, e nel cercare quel "sommo bene", cominciando ad agire perché tutto – tutto senza eccezione – diventi bello, sia in noi stessi sia nei rapporti con coloro che ci circondano. Ma purtroppo – ammoniva Kant, nella *Critica della ragion pura* – questo modo d'agire è incompatibile con il "Mondo naturale" e lo si può immaginare soltanto nel "Regno della Grazia".[9]

Dostoevskij, che studiò la *Critica della ragion pura* durante la detenzione in Siberia, fu commosso da questa idea del far diventare bello tutto quanto. Da lì coniò la più celebre delle sue frasi: "La bellezza salverà il mondo". Ma in quell'altissima felicità kantiana c'era qualcosa che non gli tornava.

Come spiegare a un Kirillov che la felicità c'è ma è impossibile nel "Mondo naturale" e che perciò bisogna "contentarsi di sé"? Proprio perché la felicità è impossibile nel "Mondo naturale", Kirillov avrebbe persistito nel suo proposito di distruggere in se stesso il "Mondo naturale", sparandosi, per coerentissima protesta contro quell'impossibilità. Kant invece nel "Mondo naturale" ci stava benone:

> Due cose riempiono l'animo di ammirazione e di venerazione sempre crescente: il cielo stellato sopra di me, la legge morale dentro di me

aveva scritto nella *Critica della ragion pratica*. Questa autostima che sconfinava nell'autovenerazione avrebbe fatto infuriare Kirillov, e riempiva l'animo di Dostoevskij di perplessità.

Oltre a essere contento di sé, Kant *si era accontentato* di confinare la sua idea di felicità nel "Regno della Grazia", cioè di averla pensata in modo che non interferisse con il mondo così com'è. Dunque teneva al mondo più che alla felicità di chi ci vive.

Friedrich Schiller non aveva notato questo intoppo: il suo entusiasmo per Kant lo spinse a scrivere l'*Inno alla gioia*, che era appunto la gioia di un'umanità salvata dal "sommo bene". Beethoven gli si era associato ponendo l'*Inno* di Schiller al culmine nella Nona Sinfonia:

Seid umschlugen, Millionen!
Alle Menschen werden Brüder!

Abbracciatevi, moltitudini!
Tutti saranno fratelli!

e ne venne una direzione filosofico-musicale che proseguì poi fino a *Imagine* di John Lennon.

Dostoevskij invece non poteva non storcere il naso. Ironizza su Kant, ne *L'adolescente*: quando il giovane protagonista constata in sé il desiderio di abbracci schilleriani ("appendersi al collo della gente, perché mi trovino simpatico o qualcosa di simile"), subito se ne vergogna, e dichiara di considerare quel desiderio "il peggiore dei miei difetti". Ne intuisci facilmente la ragione: non puoi desiderare il "sommo bene" dell'umanità senza sentirti talmente contento di te da crederti una persona eccezionale. Ma non puoi considerarti una persona eccezionale senza sentirti superiore agli altri; dunque non puoi sentirti "fratello" di tutti, se li ritieni inferiori. E a chi piacerebbe farsi abbracciare da uno che si dia tante arie?

Decisamente la contentezza di sé e la felicità sono due cose diverse: ma Dostoevskij, all'opposto di Kant, riteneva che la prima fosse irrimediabilmente d'ostacolo alla seconda.

Hegel

Poi c'era il pensiero hegeliano, che nella seconda metà dell'Ottocento prevaleva decisamente – e che, anche se molti non lo sanno, ancor oggi determina gli orizzonti della nostra civiltà.

Anche Hegel, come Kant, disprezzava la felicità personale, ma invece del "sommo bene" e dell'"intera umanità", poneva quella che lui chiamava: la "Storia". La "Storia", per Hegel, era la versione grandiosa e positiva della Volontà di Schopenhauer: una potenza impersonale, immensa, onnipresente, inesorabile, ma tutt'altro che cieca, come ben si poteva constatare nel suo manifestarsi – in quello che, secondo Hegel, era il meraviglioso e veramente venerabile succedersi dei grandi avvenimenti dell'umanità, nelle storie, appunto, di tutti i popoli. E "nella Storia" sosteneva Hegel "i periodi di felicità sono pagine vuote" che non devono interessare alle persone intelligenti.[10]

La "Storia" muove tutto e tutti secondo i suoi superiori disegni, che "bussano alle porte del presente": questi disegni vanno intesi, e compito supremo (e al tempo stesso obbligatorio per chiunque voglia essere intelligente) è lottare per assecondarli, senza curarsi né della propria felicità personale né di quella di nessun altro, se non in qualche breve momento di *Phantasie* poetica.

Come dar torto a Hegel? Le sue sembravano non teorie ma descrizioni della realtà. Non obbediscono forse alla "Storia" tutti i grandi politici, gli economisti, gli scienziati, e perfino gli artisti? Anche il compito di questi ultimi è infatti capire dove va la loro epoca. Dinanzi all'efficacia pratica dell'hegelismo, l'ossessione dostoevskiana del *Duke*-Tarantola correva seriamente il rischio di sembrare il prodotto fantasioso del cattivo umore e dell'ozio.

Darwin e i "nichilisti"

E a confermare e rafforzare l'hegelismo si era ag-
giunto Darwin, che in Russia aveva avuto da subito grande successo. Invece che della "Storia",
Darwin parlava dell'Evoluzione, delle necessità imprescindibili della Specie, concludendo lui
pure che a vincere sarebbero stati sempre i *fittest*,
cioè coloro che meglio si adattano a ciò che il futuro esige. Dalla Specie, e non dall'opinione del
singolo individuo, deve dipendere – secondo il
darwinismo – il concetto di felicità: felice – ovvero sano, forte e in armonia con la natura intera –
è chi fa ciò che migliora la Specie. Infelici sono
tutti gli altri.

Dunque Kirillov è un infelice proprio perché
invece di vivere il più possibile si uccide, e il suo
suicidio non è che la punizione per il suo non-
adattamento. Semplicissimo! E proprio per questa semplicità (veramente da due per due quattro)
il darwinismo piaceva e si diffondeva. Ben presto

si fuse, in Russia, con l'hegelismo e il socialismo, e generò la fede nell'evoluzione della società, che i radicali si ripromettevano di accelerare.

Ingiustamente li si chiamò "nichilisti", solo perché ritenevano che l'Evoluzione avrebbe annientato molti dei valori e delle istituzioni vigenti (riducendole a un *nihil*, a un nulla): in realtà, per loro la Specie, l'Evoluzione, il Benessere erano valori robustissimi; ma l'aria aggressiva di quel nome, "nichilismo", non fece che accrescere la loro popolarità. Più si parlava male di loro, e più aumentavano.

Dostoevskij, come abbiamo visto, non aveva nulla da opporre alla loro determinazione. Ma non riusciva proprio a trovarli simpatici. Andavano fieri di sé, e a buon diritto, perché erano riusciti a portare la filosofia nel territorio della prassi politica, ma a lui sembravano degli esaltati: persone che non avevano assimilato un'idea, ma ne erano state inghiottite. Subodorava in loro l'autoritarismo. Parlavano di libertà, di uguaglianza, ma a lui veniva in mente la Rivoluzione francese: «*Liberté, égalité, fraternité... ou la mort!*». Prevedeva che sarebbero stati pronti a uccidere per far valere le loro ragioni, e che l'avrebbero fatto a cuor leggero, perché il sangue per loro valeva hegelianamente poco. Nei loro capi vedeva una *pošlost'* ideologica: un'incapacità di dubitare, un'insopportabile convinzione di possedere già tutte le risposte giuste a tutte le domande vere. In coloro che ammiravano quei capi vedeva animi che, vergognandosi di avere una propria opinione, si lasciavano docilmente manipolare – proprio come il "Goljadkin *senior*" che si era immaginato in gioventù. E soprattutto, Dostoevskij presentiva che alla fine avrebbero vinto. Lo annunciò, nei *Demoni*, raffigurando un gruppo di terroristi in azione senza che nessuna classe sociale, nessuna autorità riesca non solo a opporsi alle loro macchinazioni, ma neppure ad accorgersene.

> «E crollerà tutta la baracca, e allora penseremo al modo di fondare un edificio di pietra. Per la prima volta! Costruiremo noi, noi, noi soli!»

esclama il capo dei "nichilisti" dei *Demoni*, Verchovenskij. Anche questo, all'epoca, parve a molti un'esagerazione – e tale sembrò fino al 1917. A Dostoevskij pareva soltanto un nuovo trionfo del *Duke*, di cui anche i "nichilisti" erano inconsapevoli strumenti.

Il giocatore

Riepilogando: Schiller per gli illusi, Schopenhauer per i disperati, Rousseau per gli egoisti, Kant per i sognatori benpensanti, Hegel e Darwin per i futuri dominatori del mondo. E Dostoevskij sapeva di non avere né idee abbastanza forti, né sufficiente capacità persuasiva per presentare una via diversa da quelle. Era un *outsider* pronto a perdere – il che nel suo caso avrebbe significato narrare il meglio possibile i modi in cui *non* stava influenzando la cultura del suo tempo. Ma era anche un giocatore accanito, e i giocatori, si sa, attendono il miracolo.

Così come l'aveva sperato tante volte nei casinò tedeschi (quanto denaro vi aveva perso!), allo stesso modo ritentava con ogni suo romanzo o racconto: puntava sul protagonista, e sperava che ne uscisse una qualche meravigliosa illuminazione su come essere felici nel mondo nonostante il mondo. Ci puntava proprio come al tavolo da gioco, con la stessa ansia; lo si vede dal suo modo frenetico di lavorare: cominciava con trame appena abbozzate ed era incredibilmente veloce (tradurre decentemente alcuni suoi romanzi richiede più tempo di quanto ce ne avesse messo lui a scriverli), correva di episodio in episodio verso l'epilogo, come se stesse seguendo la pallina bianca che rimbalza nella roulette. "Finirà bene? Finirà splendidamente? Il protagonista vincerà finalmente, in nome di tutto quello che c'è di meglio nell'uomo? La bellezza salverà il mondo?" E poi rimaneva a guardare, sgomento: "Neanche stavolta!" – per prepararsi subito a una giocata ancora più alta.

Il silenzio di Cristo

Una di queste sue giocate riguardò Cristo. È la "Leggenda del Grande Inquisitore", immaginata da Ivàn Karamazov: Cristo – narra Ivàn – compare a Siviglia, nel Sedicesimo secolo; viene immediatamente arrestato dall'Inquisizione, come eretico. Nessuno si accorge che è il Cristo risorto, a eccezione del capo del tribunale, il Grande Inquisitore – che, nel condannarlo al rogo, gli lancia un cupo sguardo di sfida. E la notte prima dell'esecuzione (ancora gli ultimi momenti di un condannato!) il Grande Inquisitore va a far visita a Cristo in carcere: e gli parla, a lungo, con astio e sdegno.

«Tu hai sopravvalutato gli uomini, non hai dato ascolto al diavolo, quando ti suggeriva di incantarli con miracoli strabilianti, di sottometterli con i tuoi poteri divini. Hai lasciato liberi gli uomini di accettarti o rifiutarti! Che errore! Gli uomini non lo meritano, non sarebbero mai stati in grado di capire il tuo insegnamento, ma tu eri troppo superbo per ammetterlo. Volevi che ti amassero! Noi invece, molto più realistici di te, abbiamo *corretto la tua opera*, dando ascolto al diavolo: noi non siamo con te, ma con *lui*, ecco il nostro segreto!»

Dopodiché, il Grande Inquisitore prosegue in toni da ideologo dei *Demoni*:

«Noi organizzeremo la società, permetteremo e proibiremo, e tutti obbediranno con allegria e con gioia. Ci ammireranno e ci temeranno, e saranno fieri di noi, così potenti e intelligenti da essere riusciti a domare il gregge. E questo gregge, domani stesso, al mio primo cenno correrà ad attizzare i carboni del tuo rogo, sul quale ti farò bruciare perché sei venuto a disturbarci.»

Qui la pallina della roulette della verità sta ancora rimbalzando tra i numeri. Possiamo facilmente immaginare Dostoevskij che davanti al foglio della prima stesura sta per scoprire se il suo Cristo dirà una frase più grande non solo di quelle del suo interlocutore, ma di tutte le filosofie. Dostoevskij ci pensa, fissando il bianco della carta. La sua mente è il tavolo da gioco e quel Cristo che sta per parlare è la sua giocata. Ne *L'adolescente* aveva descritto così lo stato d'animo del giocatore in attesa:

Il cuore non batte ancora forte, ma trema leggermente; la sensazione è piuttosto piacevole. Ma la vostra indecisione comincia ben presto a esservi di peso; perdete il controllo su voi stessi; ten-

dete la mano e prendete meccanicamente, quasi contro la vostra volontà, una carta, come se la
vostra mano fosse diretta da un altro; alla fine vi
decidete e puntate su quella carta; una sensazione del tutto diversa, fortissima.

Proprio così aveva puntato anche su Cristo. La
pallina bianca rallenta, sta per fermarsi: Dostoevskij
scrive il finale della Leggenda di Ivàn. Cristo si av-
vicina all'Inquisitore e lo bacia, in silenzio. Il Grande Inquisitore sussulta. Gli apre la porta e dice:
«Vattene e non tornare più... mai più, mai più!».
E Gesù si allontana, senza dire nulla.

Puntata persa. Il banco – che qui è l'Inquisitore – vince.

Nemmeno la religione

Certo, c'è modo e modo di perdere. Perché qui Cristo tace? Di Dostoevskij si è detto che fosse molto religioso. A dirlo sono state, naturalmente, persone religiose; ma a smentirle basterebbe la frase dell'Inquisitore:

«Noi non siamo con te, ma con *lui*!»[11]

Il Grande Inquisitore è cattolico, e a Dostoevskij – ortodosso – doveva piacere l'idea di presentarlo come il carceriere di Cristo; ma il Grande Inquisitore è pur sempre il sacerdote di una Chiesa cristiana: e ne deriva necessariamente che il cristianesimo non ha potuto impedire che nella sua più potente Chiesa venisse diabolicamente "corretta l'opera di Cristo". Dinanzi a questo fatto il Cristo di Dostoevskij tace, e se ne va, e il sacerdote spera che non torni più "a disturbare". Cristo rappresenta qui ciò che Dostoevskij chiamava spesso "l'essenza del sentimento religioso", evidentemente incompatibile con le religioni istituzionali.

Dunque, da un lato, quel silenzio di Cristo esprime una profonda delusione e compassione per chi crede che nelle religioni vi sia la verità – il che significa che non solo la filosofia, ma neanche la religione è d'aiuto alla questione fondamentale di Dostoevskij.

D'altro lato, quel silenzio non smuove d'un millimetro la brama di "qualcos'altro, qualcosa di completamente diverso, che non riesco in nessun modo a trovare!". E qui Dostoevskij si assume una grossa responsabilità dinanzi ai suoi grandi lettori. La parola di Cristo è infatti la parola di Dio. Perché qui non la si ode? Dostoevskij non è in grado di coglierla, oppure attraverso il silenzio di Cristo vuol fare immaginare un "fantastico" silenzio di Dio stesso?

E nemmeno Dio

"C'è Dio, sì o no?" domandano a un certo punto vari personaggi dostoevskiani. Ed è rimasta una tipica domanda russa: anche in URSS, da ragazzo, mi capitava facilmente di sentirla, specie quando si conversava bevendo. Chiaramente, era soltanto la premessa della domanda vera: "*E se Dio non c'è?*". Se Dio non c'è, cosa pensare dei miliardi di uomini che ci hanno creduto attraverso i millenni, cosa pensare di ciò che tu e io abbiamo provato da sempre sentendo parlare di Dio: se Dio non c'è, che figura ci fa tutto quanto? E proprio in tal senso Dostoevskij orienta puntualmente le discussioni teologiche, nei suoi romanzi. È il suo modo di puntare su Dio, e anche qui perde.

Se Dio non c'è, allora tutto è permesso – lo dice Ivàn Karamazov, discutendo con il diavolo in persona, che gli appare, di notte, nella sua stanza.

E se tutto è permesso, allora Dio non esiste – gli risponde il diavolo.

Quel che ne consegue è frastornante: dunque Dio esiste perché l'uomo non arriva a permettersi tutto! E di conseguenza Dio, di per sé, non esiste. Dio è un anti-io, di cui l'uomo ha bisogno per non essere pienamente se stesso. Diciamo pure che è la ragione per cui tutto, nel mondo, va come va. Quindi, se Dio non c'è, è terribilmente spiegabile sia il fatto che Cristo taccia, davanti al Grande Inquisitore, sia il fatto che il Grande Inquisitore (e con lui il *Duke*-Tarantola) vinca.

Dostoevskij torna spesso su questa assenza di Dio. Appassionato di pittura, sceglie come simbolo di questa assenza il quadro di Holbein il Giovane, *Il corpo di Cristo morto nella tomba*. Scrive ne *L'idiota*:

> Quando guardi quel quadro, la natura ti appare come una belva immane, spietata e muta, o piuttosto come una macchina che abbia assurdamente afferrato, maciullato e inghiottito, sorda e insensibile, un Essere sublime e inestimabile.

E si immagina i discepoli, giocatori perdenti:

> Gli uomini che circondavano il morto dovettero sentire in quella sera, che aveva annientato di colpo tutte le loro speranze e forse anche la loro fede, un'angoscia, una costernazione terribile. Dovettero separarsi pieni di un immenso terrore...

E si immagina Cristo, com'era prima di puntare, anche lui, su un Dio che avrebbe potuto salvarlo:

Anche lui, il Maestro, se alla vigilia del supplizio avesse potuto vedere quella propria immagine, sarebbe salito sulla croce? Anche questa domanda ti sorge involontariamente, se guardi quel quadro.

E Dio? Guardava?

Tutto ciò rafforza l'impulso a pensare a Dio come al simbolo di tutti i divieti – anche del divieto a pensare troppo a quel quadro. E che sia proprio in Dio l'impaccio fondamentale alla felicità? È per colpa di Dio che Dostoevskij non riesce a vincere alla roulette della Verità? Il diavolo lo suggerisce a Ivàn:

«Non bisogna distruggere un bel niente, ma solo l'idea che l'uomo ha di Dio, ecco da dove bisogna cominciare!»

Potrebbe funzionare?

Né tantomeno il diavolo

Dostoevskij arriva molto vicino al satanismo. Nei *Demoni* ventila satanisticamente l'idea che si possa dimostrare l'esistenza del diavolo, senza che ciò dimostri l'esistenza di Dio. Nei *Karamazov*, il diavolo spiega invece di essere al servizio di Dio:

> «Io aspirerei a venire annientato, semplicemente. Invece no: vivi – mi dicono – perché senza di te non succederebbe niente, e bisogna che succedano le cose.»

Il diavolo ha bensì il dovere di fungere da "necessario termine negativo", perché, dice, «*lassù* si vuole così» – e i grandi lettori ne ricavano il diritto di sospettare che quel *lassù* non sia precisamente il Paradiso del Bene e della Giustizia. Di contro il diavolo dostoevskiano sostiene qui di essere "la x di un'equazione indefinita": forse con il suo aiuto due per due potrebbe fare cinque? Perché no? «Un'anima, sai» soggiunge il diavolo, «vale un'intera costellazione: *anche noi abbiamo la nostra aritmetica!*»

Qui dunque Dostoevskij stava puntando anche su Satana. Ne avrebbe avuto motivo. Perdute le speranze nei filosofi, nelle religioni, nella capacità d'intervento di Cristo, e deluso anche dal Dio dei divieti, poteva ben provare a credere che almeno nel diavolo si trovasse qualcosa di utile. Se avesse perseverato in questa direzione, sarebbe diventato il primo scrittore faustiano di Russia. Cinquant'anni dopo, Bulgakov non esitò, ne *Il Maestro e Margherita*, e gli riuscì molto bene. Invece no: Dostoevskij conclude d'un tratto la conversazione tra Ivàn e il diavolo (brillante, colto, ironico, cortese) presentandola come il frutto di un'allucinazione, il sintomo di un attacco di "febbre cerebrale".

Così, perso anche il diavolo, rimaneva veramente solo.

Se l'era immaginata, o meglio, l'aveva presentita questa solitudine, già in gioventù, ne *Le notti bianche*, il più dolce dei suoi romanzi:

> Oh, come sarà triste rimanere solo, proprio solo, senza nemmeno nulla da rimpiangere, niente, niente di niente ... perché tutto quello che avrò perduto era nulla, uno stupido, rotondo zero, era soltanto una fantasticheria!

Era una fantasticheria la sua speranza di sottrarsi al dominio del *Duke*? Forse stava continuando a puntare su un numero che nella roulette non c'è?

Dostoevskij e Tolstòj

Non sarà inutile, ai grandi lettori, sapere che qualche anno dopo una solitudine molto simile toccò in sorte anche a Tolstòj, nella sua ricerca della felicità.

Il conte Tolstòj, che a differenza di Dostoevskij era abituato al successo fin dai suoi esordi, cominciò a sentirsi dostoevskianamente solo attorno al 1882, quando era poco oltre la cinquantina, e lo annunciò nell'autobiografia *Confessione* – che fece pubblicare all'estero, in Svizzera, perché conteneva esortazioni troppo esplicite a non credere al Dio delle religioni, e la censura russa non poteva tollerarlo. Negli anni seguenti, Tolstòj si mise a proclamare la necessità di non credere più in nessuna autorità, in nessuna dottrina politica o filosofica, né nel Progresso, nella patria o in qualsiasi altro valore su cui si reggano le civiltà: la verità e la felicità, diceva, bisogna cercarle per proprio conto, in un'assoluta libertà di pensiero. Ci insisteva secondo il suo stile, ovvero più grandiosamente di

Dostoevskij, e con una sistematicità da stratega: per trent'anni, in centinaia di saggi, trattati, articoli (quasi un terzo della sua opera completa) squadernò le sue idee anarchiche suscitando in tutto il mondo un entusiasmo di cui nessun altro scrittore era mai stato capace. Eppure mai, in tutta la sua vita, gli sembrò di aver trovato ciò che veramente cercava; invece che in un sottosuolo, continuò a sentirsi sospeso nel vuoto, come in un suo sogno che aveva narrato in *Confessione*:

> Che fare? Che fare? mi domando, e guardo in alto. In alto c'è un abisso. Io guardo quell'abisso del cielo e mi sforzo di dimenticare l'abisso che è in basso...

Al "che fare?" di Dostoevskij, Tolstòj non aveva prestato attenzione prima d'allora. *Confessione* è, dicevo, del 1882; Dostoevskij era morto nel 1881. È forte l'impressione che Tolstòj avesse preso il suo posto, in quella solitudine, proseguendo quella stessa ricerca; ma c'è, nell'affinità tra i due, qualche altro aspetto di cui i grandi lettori terranno conto volentieri.

A Tolstòj, Dostoevskij non piaceva. Non lo aveva mai menzionato nei suoi scritti, non l'aveva mai incontrato; solo una volta si erano trovati a pochi passi l'uno dall'altro, a un concerto, a Pietroburgo: si scambiarono certamente un'occhiata, ma Tolstòj non lo salutò. Dostoevskij ci rimase molto male. Ammirava Tolstòj: lo citava, lo recensiva. E soprattutto aveva intuito qualcosa in lui, nel suo futuro, e glielo faceva sapere a modo suo, indirettamente, nei romanzi.

Al protagonista de *L'idiota*, Dostoevskij aveva dato il nome e il patronimico di Tolstòj, Lev Nikolàevič; e da quel protagonista, come vedremo, tutti nel romanzo si aspettano invano grandi verità. Probabilmente Tolstòj, che a quell'epoca stava lavorando a *Guerra e pace*, non ci fece caso più di tanto.

Poi, nei *Demoni*, Dostoevskij aveva raccontato di un anziano scrittore, Stepàn Trofîmovič, che, un mattino di novembre, sentendosi prigioniero del lussuoso ambiente in cui vive, decide di scappare di casa: si incammina nella campagna russa e in capo a pochi giorni prende un'infreddatura, si ammala e muore, poco dopo esser stato raggiunto dalla donna che lo ama. Questo, Tolstòj dovette ricordarselo, quarant'anni dopo: nel 1910, e proprio una mattina di novembre, Tolstòj infatti scappò di casa, perché si sentiva disperatamente prigioniero dell'ambiente lussuoso in cui viveva. Viaggiò per qualche giorno nella campagna russa, prese un'infreddatura, si ammalò e morì, poco dopo esser stato raggiunto dalla moglie, che lo amava molto.

Dostoevskij scorgeva in Tolstòj i prodromi di un'impazienza, di una "brama di qualcos'altro di completamente diverso", che di lì a qualche anno sarebbe stata simile alla sua, e voleva avvertirlo dei rischi. Sì, perché può non essere vero che chi cerca trova: a volte chi cerca, muore disperato – se la ricerca va contro tutto ciò che per i suoi contemporanei è ragionevole. E prima di morire è facile che impazzisca anche, come appunto impazzirono Stepàn Trofìmovič e Tolstòj, il giorno che decisero di scappare di casa. Non da casa volevano scappare, ma dal mondo di quel *Duke* che intralciava talmente il loro desiderio di scoprire *che fare*.

Quindi fate attenzione, Lev Nikolàevič – pareva dire Dostoevskij, ne *L'idiota* e nei *Demoni*, al suo più giovane e più famoso collega –, io so che per un autore non c'è niente di più pericoloso di questa voglia di fuggire verso qualcosa di meglio del mondo, che chissà se si troverà mai. Certo, non c'è neppure niente di più nobile, di più attraente... A maggior ragione, guardatevi dalla disperazione.

ALTRE GIOCATE

Confini

Fuggire e far fuggire dal mondo così com'è: un autore che si metta in mente questo obiettivo, e lo persegua per decenni, non può non cominciare a sentirsi stretto nella letteratura così come il mondo la intende. È un altro tratto, questo, che Dostoevskij e Tolstòj ebbero in comune. Tolstòj a un certo punto non volle più saperne di raccontare vicende appassionanti di personaggi immaginari, e cominciò a rivolgersi direttamente ai lettori, come se le pagine fossero un podio; amò in particolar modo la forma della *lettera aperta*, modellata sulle epistole di Paolo: ne scrisse in gran numero, al popolo russo, ai popoli europei, ai suoi corrispondenti (anche al giovanissimo Gandhi, allora avvocato in Sudafrica) e addirittura ai capi delle nazioni, incluso lo zar – che in quelle lettere chiamava "fratello" in un indubbio tono di compatimento.

Dostoevskij, come abbiamo visto, aveva sperimentato qualcosa del genere nelle *Memorie dal sottosuolo* e, se fosse vissuto più a lungo, avrebbe probabilmente optato anche lui per le epistole: aveva cominciato, dal 1873, a tenere mensilmente una rubrica d'attualità, sulla celebre rivista *Graždanìn* (Il cittadino), e la intitolò *Diario di uno scrittore* – come a dire: vi racconto tutto di me, del mio cercare risposte al "che fare?", mese dopo mese. Intanto, nei romanzi era diventato, di anno in anno, sempre più impaziente: più che narrare, voleva *dirti* tutto ciò che gli urgeva nella mente mentre scriveva. Così, lasciava da parte la trama per gettarsi e gettarti in conversazioni tra i suoi personaggi, inverosimilmente lunghe – e sempre, per un verso o per l'altro, riguardanti la felicità – immaginandosi probabilmente di stare parlando anche con te, e di aver trovato in te non uno dei "voi" ma un "io", in cerca, come lo era lui.

La troupe

L'altro segnale evidente di quanto la qualità *lette-raria* delle sue opere gli importasse sempre meno, è la ripetitività dei suoi personaggi. Per fare le sue giocate e per conversare con te, non gli occorre-vano le moltitudini di *Guerra e pace*: gli bastava-no poche figure, che – dalle *Memorie dal sottosuolo* in poi – ritrovi in ogni romanzo:

il DELIRANTE, che spesso finisce nelle galere siberiane
il BUONO
il DEBOLE
l'INTELLIGENTE
il VIZIOSO RAPACE
la FANCIULLA ABUSATA
la TRAVIATA, che un paio di volte segue il De-lirante in Siberia
la RAGAZZA RICCA
la COPPIA DI GENITORI RICCHI

la COPPIA DI GENITORI INDIGENTI

un PADRE SPIRITUALE, cagionevole, emarginato, morente

alcuni BAMBINI

e una dozzina di COMPARSE (non di più!) specializzate soprattutto nella *pošlost'*.

Una troupe scarsissima, per un narratore che pubblicò non meno di ottomila pagine. Inoltre, Dostoevskij colloca la sua troupe sempre nella medesima situazione: il tempo libero. Nessuno di loro lavora. Pensano, parlano, passeggiano, vanno in visita da qualche conoscente, ogni tanto fanno qualcosa – per lo più qualcosa di catastrofico – e poi di nuovo pensano, parlano, passeggiano e vanno in visita da conoscenti.

A giudicarli secondo i canoni estetici del romanzo realista, i capolavori dostoevskiani apparirebbero sciatti, frettolosi: prime stesure date alle stampe da uno scrittore troppo nervoso. E si dovrebbe convenire con Nabokov, che riteneva Dostoevskij un mediocre sgarbato. Ma quella presunta sciatteria ha una ragione importante (che Nabokov fingeva di non notare, ma per la quale, in *Lolita*, attinse abbondantemente a Dostoevskij, in particolare a *Il sosia* e a *L'eterno marito*). Ed è che a Dostoevskij *non importava più* la forma del romanzo, che da qualche secolo imponeva agli autori di studiare la psiche della gente allo scopo di storie verosimili. Per gli altri romanzieri, i personaggi erano strumenti per costruire storie.

A Dostoevskij interessava l'esatto contrario: adoperava la narrazione per far emergere nei personaggi elementi psichici talmente profondi da risultare *non narrabili*, perché *perenni*, sempre uguali da millenni, e tali dunque da potersi soltanto contemplare. In questo, la sua narrativa ricorda la pittura sacra russa. I suoi personaggi sono sempre gli stessi come i *liki*, i volti delle icone: leggendo, non te la senti proprio di lamentare il fatto che siano pochi – così come non rimprovereresti ad Andréj Rublëv o a Feofàn Grek di non avere raffigurato, nelle loro icone, una vasta tipologia dei russi del XV secolo. La differenza è che i *liki* sono sacri a una religione e i personaggi dostoevskiani no: non possono contare su nessun culto che ne giustifichi la contemplazione; sono evoluzioni laiche dei santi, dei profeti, dei discepoli, dei peccatori, degli indemoniati, dei farisei, delle Vergini, delle Maddalene, dei Giuda, dei Pilati immaginati nel cristianesimo – che Dostoevskij getta nel mondo, vestiti in abiti ottocenteschi. Jung li avrebbe chiamati archetipi. E proprio perché gli archetipi sono perenni, ritrovi *liki* dostoevskiani in *Lolita*. Ma ne ritrovi anche in te. E per lo stesso motivo possiamo prevedere che Dostoevskij sarà letto avidamente anche durante i viaggi in astronave, quando diventeranno di routine.

Bambini

Tu quali personaggi-*liki* dostoevskiani senti trasparire in te?

Magari racchiudi in te soprattutto i suoi BAMBINI – indipendentemente da quanti anni hai: "Ci sono infatti bambini piccoli e bambini adulti!", come leggiamo sia ne *L'idiota* sia nei *Karamazov*. Se questo è il caso tuo, c'è poco da rallegrarsi. I BAMBINI di Dostoevskij, sia quelli piccoli che quelli grandi, hanno desideri di felicità, di cui al mondo non importa nulla, perché quei desideri sono più semplici del mondo – e nel mondo si è abituati a prendere in considerazione solo cose complicate. Per nutrire quel genere di desideri, bisogna prepararsi a essere eroi. Dostoevskij, quando narra di BAMBINI, pensa sicuramente a Dickens, ma soprattutto a certe frasi dei Vangeli, quali per esempio:

> se non sarete come bambini non entrerete nel regno dei cieli (Matteo 18,3)

cioè non uscirete dal mondo così com'è. Solo che puntare sui BAMBINI, immaginare cioè che uno di loro riesca a scoprire la felicità (come fece Collodi con Pinocchio) è, per Dostoevskij, improponibile. Nei Vangeli si legge anche che

chi sarà d'inciampo a uno di questi piccoli, sarebbe meglio per lui che gli si legasse al collo una macina da mulino e lo si buttasse in mare (Matteo 18,6)

ma secondo Dostoevskij il mondo è affollato di adulti che danno inciampi orrendi a qualche BAMBINO, senza temere nessuna macina da mulino. Insiste appositamente nel presentarti scene di infanzia distrutta. Iviàn Karamazov (che nella troupe dostoevskiana è un INTELLIGENTE) racconta al fratello Alëša (un BUONO) di un proprietario terriero che, per punire un ragazzino colpevole di aver tirato sassi ai suoi levrieri, lo spogliò e ordinò: "Fatelo correre!". Poi gli aizzò contro la muta dei suoi cani, che lo dilaniarono sotto gli occhi della madre. Nei *Demoni*, una bambina violentata guarda negli occhi il suo violentatore, minacciandolo lentamente con la mano stretta a pugno, poi va in un'altra stanza e si uccide, senza che il violentatore faccia nulla per impedirglielo. Con numerosi altri casi simili, Dostoevskij vuole convincerti che, nel mondo così com'è, sono soprattutto i BAMBINI a venire crocifissi. Ha torto? È il residuo di una qualche sua infantile mania di persecuzione? O è segreta pederastia? Strachov l'avrebbe sospettato e avrebbe pettegolato. Ma, in realtà, se ci rifletti bene, nel mondo del *Duke*-Tarantola quale altra sorte può aspettarsi un bambino, piccolo o grande che sia, se non quella di venire umiliato e distrutto? I semplici desideri dei BAMBINI devono essere negati, soffocati, annientati, perché nel mondo degli adulti non c'è posto per loro. Così, gli annientamenti di BAMBINI, in Dostoevskij, sono simboli di qualcosa che, nel mondo così com'è, ognuno ha dovuto fare dentro di sé. Ognuno ha dunque in qualche sua "profondità" i fantasmi di quel ragazzino sbranato o di quella bambina che minaccia debolmente, inutilmente, con il pugno. Solo che i più preferiscono non guardarli mai.

Genitori

Oppure racchiudi in te un GENITORE? Sarebbe altrettanto triste. In Dostoevskij, i GENITORI non solo non fanno procedere d'un millimetro la ricerca della felicità, ma costituiscono puntualmente minacce per i BAMBINI: in cima al mondo dostoevskiano il padre di tutti, Dio, non impedisce a madre natura di essere "una belva, una macchina inghiottitrice", come sappiamo. Al di sotto di questa coppia suprema, il rapporto madre-padre si inverte: le madri, in Dostoevskij, non riescono a impedire ai padri di essere pericolosamente ripugnanti, in special modo a danno dei figli maschi. Un caso che Dostoevskij propone più volte (ne *L'idiota*, nei *Demoni*, e soprattutto nei *Karamazov*) è quello del padre depravato che difende a tal punto la propria supremazia, da mettersi di traverso alla vita del figlio, frustrandolo nelle maniere più svariate – al punto che il figlio ne desidera la morte.

A te non è capitato?

Dostoevskij ne dubiterebbe fortemente:

«Chi non desidera la morte del proprio padre?
Tutti desiderano la morte del proprio padre!»

esclama Ivàn Karamazov. Un grande lettore come
Freud rimase folgorato da questa frase. Non ammise mai di averne tratto ispirazione, ma costruì un
modello della psiche, e poi addirittura uno schema
dell'evoluzione culturale dell'intera umanità, basati proprio sull'impulso di parricidio. Nell'*Edipo*
di Sofocle (che Freud preferì indicare come proprio predecessore) il figlio uccide il padre in maniera accidentale, senza sapere che è suo padre.
Invece papà Karamazov viene ammazzato da un
figlio che non solo lo odia, ma è certo di realizzare in tal modo il desiderio di tutti e tre i suoi fratelli: Edipo, in confronto, era un ingenuo.

La morte dei padri

Il vecchio Fëdor Pàvlovič Karamazov (un VIZIOSO RAPACE, vedovo) è il volto dostoevskiano in cui è più difficile specchiarsi. È un uomo malvagio e sentimentale, insopportabilmente patetico e accanitamente lussurioso – ha avuto quattro figli da quattro madri diverse, tutte sventurate, e sta tentando di soffiare la fidanzata al figlio maggiore. Disprezza e deride tutto e tutti, si diverte a suscitare imbarazzo, sta facendo letteralmente impazzire i suoi quattro ragazzi. Ma poco male se lì per lì non osi riconoscerti in lui (così come nessuno leggendo i Vangeli si riconoscerebbe volentieri in Erode): Dostoevskij ti mette davanti Fëdor Pàvlovič innanzitutto perché tu provi quel disgusto, quell'odio doloroso, quel bisogno d'amore, strozzato e insultato, che nel romanzo prova ciascuno dei suoi figli. Il che, dopo lo straordinario successo delle teorie freudiane, diventò fin troppo facile.

Proviamo tuttavia a leggere Dostoevskij senza Freud, e a estendere e ad aggravare quell'orrore paterno e il conseguente odio filiale. Intendiamo Fëdor Pàvlovič, semplicemente, come il simbolo della generazione che ti ha preceduto, e che non ha fatto nulla perché il mondo migliorasse. Ora, quella generazione vuole continuare a tenerti in subordine finché vivrà, e ha intenzione di durare a lungo. «Che vive a fare un uomo simile!» esclama Dmitrij Karamazov (un DELIRANTE), parlando del papà. Puoi pensarlo anche tu di una generazione intera, responsabile di tutto ciò che hai intorno di deprimente – dall'inquinamento al disastro ideologico.

Ma pensandolo, senti che è molto brutto da parte tua: il che significa che, tra la generazione precedente e te, sta vincendo comunque la generazione precedente. Ed è probabile che, in tal modo, tu ne rimanga sconfitto per sempre.

Avesse riflettuto di più sui *Karamazov*, Freud avrebbe inventato, accanto al complesso di Edipo, anche il complementare "complesso di Fëdor Pàvlovič": l'impulso, cioè, del padre a schiacciare i figli – e dai *Karamazov* sarebbe risalito ai miti di Crono e Urano. Si sarebbe senza dubbio accorto che il "complesso di Fëdor Pàvlovič" ha avuto e ha sulla società e sulla storia della cultura un'incidenza molto maggiore di quello edipico. Dostoevskij ne mostra le conseguenze praticamente in tutti i suoi giovani personaggi maschili: smarriti o rabbiosi, rassegnati o in rivolta, si sentono in un mondo che non appartiene a loro ma soltanto ai padri, a loro ostili, e talmente più forti di loro, da non lasciare alcuno scampo. Conseguenza: opporsi ai padri non serve a nulla – e qualsiasi giocata sulla ribellione ai padri è persa in anticipo, quali che siano le persone in cui tu veda l'archetipo del padre dostoevskiano: i capi, per esempio. Vale qui ciò che dice il *Duke* di *Misura per misura* a qualsiasi uomo di potere: i sudditi

> *make thee the father of their idle dream,*
> *and rack thee in their fancies*

"ti fanno diventare il padre del loro brutto sogno e ti sbranano nelle loro fantasie"[12], e sempre inutilmente, proprio perché Fëdor Pàvlovič lo hai dentro di te, è un tuo *idle dream*, e se ne trovi una somiglianza in qualche autorità è perché non puoi non *volerla* trovare: la *proietti*, come si dice in psicologia. Ma da te stesso non puoi espellerla, perché è un tuo *lik*, un archetipo perenne. Chissà se avevano letto i *Karamazov* i cinque giovani terroristi che, poco più d'un mese dopo la pubblicazione del romanzo (e della morte di Dostoevskij) assassinarono lo zar Alessandro II – allora sessantenne, proprio come Fëdor Pàvlovič. Come dovevasi dimostrare, anche quell'atto fu inutile. Vennero giustiziati, il trono passò ad Alessandro III, e il mondo dei padri – e del *Duke* – proseguì un po' peggio di prima.

Le figlie

Nell'immagine dei padri dostoevskiani, echeggia dunque come un ideale struggente il monito evangelico:

> Non chiamate nessuno padre, sulla terra (Matteo 23,9)

– un ideale irrealizzato, dato che tutti, da allora, hanno continuato a usare molto questa parola. E per le figlie non è diverso, nel rapporto con le madri. Dostoevskij intuisce la "sindrome materna" che Jung scoprirà negli anni Trenta: la madre – sosterrà Jung – è una potenza troppo massiccia perché si possa pensare di sfidarla; solo in apparenza è più debole del padre: in realtà difende non meno ferocemente il proprio territorio. La madre è la Femmina, con la maiuscola, così come il padre è il Maschio; e le fanciulle ne sono sovrastate e sconfitte, senza che le madri se ne facciano una colpa. Dostoevskij avrebbe concordato appieno: proprio così la signora Chochlakova, nei *Karamazov*, non arriverà mai a intuire che la paralisi isterica della figlia – dalla vita in giù – è un disperato rifiuto di assomigliarle.

La sconfitta delle figlie assume, secondo Jung, quattro forme, tre delle quali troviamo ben documentate in Dostoevskij:

1) il sentirsi sovrastate dalla madre può produrre nelle figlie una fondamentale incapacità non solo di farsi valere, ma persino di difendersi: così finiscono vittime del primo mascalzone che capita – proprio perché solo la mamma sa e può imporsi, mentre a loro è dato soltanto di essere stupide; le FANCIULLE ABUSATE di Dostoevskij sembrano proprio rientrare in questa categoria;

2) viceversa, le figlie possono rimanere tanto impressionate dalla madre, da lasciarsi totalmente dominare dal desiderio di essere come lei: l'impulso materno assume in loro una forma esclusiva, per tutta la vita non fanno che accudire ai figli – o a chi appare loro bisognoso di cure amorose. Purtroppo, dietro a questa loro sollecitudine si nasconde sempre quella che Jung chiama "una grande, violenta, inconscia volontà di potenza": in realtà, vogliono solo dominare coloro di cui si prendono cura, così come la madre le aveva dominate. E la "volontà di potenza" ottunde il loro

intelletto, a cui si sostituisce un'intuizione soltanto istintiva, sempre momentanea. "Appena possono, dimenticano ciò che hanno detto d'intelligente", perché sono incapaci di riflessione.[13] Rientrano in questa categoria molte madri e mogli dostoevskiane, come la generalessa Epančinà e Varvara ne *L'idiota*, o madame Lembke nei *Demoni*;

3) oppure avviene che, per non assomigliare alla madre, le figlie divengano predatrici: mantenute che si vantano della loro indipendenza, e al tempo stesso non riescono a pensare a se stesse se non come a donne perdute: le TRAVIATE dostoevskiane rientrano in questa categoria, e così pure le loro rivali in amore, come Aglaja, la RAGAZZA RICCA de *L'idiota*.

L'altro esito della "sindrome materna" indicato da Jung è la lesbica infelice, che per differenziarsi dalla madre rifiuta la femminilità: Dostoevskij abbozzò appena questo quarto tipo, nel romanzo *Nètočka Nezvànova*, del 1849, ma l'arresto gli impedì di terminarlo, e in seguito non lo riprese – forse perché temeva che la censura avesse da ridire.

Né Jung né Dostoevskij pretendevano di esaurire in tal modo tutte le possibilità esistenziali femminili; ma Jung riteneva che la frequenza della "sindrome materna" fosse molto alta (non disponeva di statistiche accurate) e nei romanzi di Dostoevskij nessuna protagonista finisce bene. Punta forte su alcune di loro: Nastas'ja, ne *L'idiota*, ha un fascino "che potrebbe capovolgere il mondo", e Myškin, non appena vede la sua fotografia, rimane a guardarla "come si guarda un'icona" – l'icona laica della Salvatrice, invece di quelle sacre del Salvatore. E sospira:

> «Se solo fosse d'animo buono! Allora tutto sarebbe salvo!»

Ma il mondo dei padri e delle madri spegne in Nastas'ja e nelle altre ogni bontà e ogni forza d'animo: è un "tutto" che non vuole essere salvato.

L'armonia disonesta

E famiglie felici, nessuna? No. Dostoevskij non punta mai sulla felicità domestica, nella sua roulette. Non gli piace la prospettiva di un nido armonioso in mezzo al mondo del *Duke*. Annotava in un suo taccuino:

> Per l'uomo come per la donna il matrimonio è in un certo modo il massimo rifiuto dell'amore per l'umanità: è l'isolamento della coppia *da tutti* (resta ben poco per gli altri). La famiglia è una legge di natura, e tuttavia per l'essere umano è una condizione incongrua, profondamente egoistica. La famiglia è quanto di più sacro gli uomini abbiano sulla Terra, solo perché, obbedendo in essa alla legge di natura, raggiungono la meta dello sviluppo, cioè il succedersi delle generazioni...

ma questa meta a Dostoevskij non basta, proprio perché è naturale, e la natura per lui è "belva e macchina". Così, si rifiuta di sottomettere i suoi protagonisti alle "sacre" leggi della riproduzione:

nessuno di loro è un genitore. Mentre l'unico personaggio dostoevskiano che diventi gioiosamente padre – Šatov, nei *Demoni* – viene assassinato la sera stessa; e la moglie e il figlio, rimasti privi di assistenza, muoiono tre giorni dopo, di polmonite.

Certo, si ha la sensazione che l'incompatibilità tra Dostoevskij e quello che abbiamo chiamato il mondo dei genitori sia talmente totale, da risultare inammissibile.

Non puoi non sentirtene offeso, se sei una di quelle molte persone che nel mondo dei genitori si sono abituate a intendere la felicità anche, se non soprattutto, come una conquista da condividere con una bella figliolanza. Agli occhi di queste persone le argomentazioni dostoevskiane non reggono: perché mai la famiglia deve considerarsi più "egoistica" della condizione di *single*? O forse Dostoevskij stava sabotando il suo stesso gioco? Escludeva *a priori* la possibilità che qualcuna delle sue Maddalene trovasse il suo Gesù e, cominciando a salvare il mondo insieme a lui, lo sposasse e avesse bambini: ma così non condannava a priori le sue Maddalene alla solitudine e dunque all'infelicità? Come non pensare, qui, che la felicità fosse un suo falso traguardo: che, in realtà, lui stesso *non volesse* immaginarla, perché non avrebbe saputo cosa dire di persone felici? E in tal caso si potrebbe dire di lui proprio ciò che Shakespeare diceva del *Duke*:

one that, above all other strifes, contended
especially to know himself

"uno a cui, al di sopra d'ogni suo altro intento, importava in particolar modo di conoscere se stesso".[14] Il che può andar bene per un Dio non affezionato alle sue creature, o per un narciso, ma non certo per un grande autore che sosteneva di voler cercare la "bellezza che salverà il mondo".

Che dire? È vero: *nel mondo dei genitori* l'idea che Dostoevskij ha dell'amore è insostenibile, perché quel mondo gli riusciva insopportabilmente stretto. È che cercava un modo d'amare – e di essere felici nell'amore – talmente diverso da quel mondo, da lasciarselo indietro.

La "Fusione"

E proprio quell'amore diverso doveva essere la chiave della sua ricerca della felicità.

Dostoevskij lo intuì, stando ai suoi taccuini, il 16 aprile 1864, vigilia del funerale della sua prima moglie, Mar'ja Dmìtrievna. Il feretro era in salotto; Dostoevskij scriveva, inseguendo un pensiero:

> Lei è qui sul tavolo. La rivedrò io mai? Amare gli altri *come se stessi*, secondo il precetto di Cristo, è impossibile. Sulla Terra, la legge della personalità impaccia. L'io è d'ostacolo.

L'"io" è di ostacolo a un amore più grande – ragionava Dostoevskij. E se si eliminasse l'"io"? (E in quel periodo stava lavorando alle *Memorie dal sottosuolo*, in cui tutto ruotava proprio attorno a "io"!) Se l'"io" non contasse più, sparirebbe d'un tratto anche il contrasto tra

> l'*io* e *tutto il resto* (che evidentemente sono due estremi contrapposti).

I due estremi giungerebbero a una "Fusione" – scriveva Dostoevskij, nel taccuino – e nulla potrebbe più apparirti né nemico, né estraneo.

Allora si vivrebbe senza smettere mai di fonderci con il tutto. In diversi modi. Allora tutto si percepirà e si conoscerà eternamente.

È curioso, certo, che Dostoevskij avesse scelto proprio il termine "fusione": settant'anni dopo si scoprì l'enorme energia che si genera quando due o più atomi si fondono, superando la loro repulsione elettromagnetica. Anche Dostoevskij stava immaginando il superamento di una fondamentale repulsione tra atomi-individui – benché la fisica in quel momento fosse lontanissima dalla sua mente. Pensava a Cristo e a se stesso. Cristo – scriveva – aveva semplicemente capito che

tutta la storia, sia quella dell'umanità sia quella di ciascun singolo individuo, è solo evoluzione, lotta, per il conseguimento di questa meta. E la massima evoluzione, l'uso supremo che l'uomo può fare di sé, nella pienezza dello sviluppo del proprio io, è distruggere l'io, cioè darlo interamente a tutti, anima e corpo e senza riserve. E questa è la massima felicità.

È anche la massima eresia pensabile, proclamata non contro qualche autorità ma dall'"io" contro se stesso. E dato che quella meta supererebbe lo stadio attuale del mondo, tutto quanto basato sulla "legge dell'io", ci si ritroverebbe d'un tratto in una vera e propria vita futura, quello che le persone religiose chiamano Paradiso.

Come sarà, su quale pianeta, in quale centro (forse nel centro ultimo, ossia in Dio?) noi non lo sappiamo.

Forse nel "Regno della Grazia", di cui parlava Kant? O forse no? Magari domani, in casa tua? "Noi non lo sappiamo!" scriveva Dostoevskij sul taccuino – e quel "noi" è un segno di impazienza: ci mostra che stava già immaginando di rivolgersi a dei lettori. Ciò che invece puoi sapere da subito è che quell'ignoto fa apparire il mondo esistente come una fase transitoria:

Invece, trarre deduzioni da ciò che già si conosce è rassegnarsi, ed è una cosa che possono fare, semmai, solo gli animi più limitati, quali che siano e comunque si chiamino.

Di lì a poco vennero a prendere il feretro.

Lui rimise in tasca quel suo taccuino, e cominciò a pensare a come concretare quella sua idea in un romanzo. Infatti, ora che aveva scoperto come tutto dipendesse dall'"io", tutto veniva veramente a dipendere in primo luogo *dal suo stesso "io"*, ovvero da ciò che sarebbe riuscito a fare con quella scoperta.

Nel coccodrillo

Per qualche tempo esitò. Forse provò a dimenticarsi quegli appunti; o forse nel rileggerli li trovò troppo astratti, fantafilosofia postkantiana. Provò addirittura a riderci su, in un racconto apparentemente minore, che pubblicò qualche mese dopo, *Il coccodrillo*, dove si narra di come "il colto Ivàn Matvèič" (un INTELLIGENTE) viene inghiottito da un coccodrillo messo in mostra in uno zoo ambulante. Ivàn Matvèič è troppo orgoglioso per chiedere aiuto, e da dentro il coccodrillo dichiara che si trova benissimo. Si dà addirittura arie:

> «Non mi annoio! Anzi, mi sento ispirato da grandi idee. Solo ora son libero di pensare al miglioramento della condizione umana ... Inventerò un intero sistema sociale, e con enorme facilità. Per far ciò, basta isolarsi in un posto appartato, come appunto dentro un coccodrillo, e chiudere gli occhi, ed ecco che si scopre il paradiso dell'umanità. Questo pomeriggio mi sono messo a pensare

e ho già inventato tre sistemi e ora sto perfezionando il quarto. Certo, occorre per prima cosa ribaltare il modo di pensare attuale, ma dall'interno di un coccodrillo è talmente facile ribaltare, e inoltre da qui dentro le cose appaiono più chiare. La mia situazione ha qualche piccolo inconveniente, come la presenza di umidità e di una specie di muco...»

In Ivàn Matvèič, Dostoevskij si prendeva gioco di se stesso, del suo aver pensato alla *condizione umana*, al *paradiso*, al *ribaltamento del modo di pensare*, in una triste notte d'aprile.

Ora esitava, e in tal modo diventava il coccodrillo di se stesso.[15]

Quando si comincia a vincere

L'anno seguente, cominciò a lottare con se stesso come non mai. Scrisse due romanzi contemporaneamente, *Delitto e castigo* e *Il giocatore* – il primo in totale contrasto con l'idea della "Fusione", come se avesse voluto metterla alla prova negandola; l'altro incentrato proprio sul coraggio di "darsi senza riserve".

Aleksèj, il protagonista de *Il giocatore* (un BUONO) stravince al casinò proprio quando decide di perdersi per la donna di cui è innamorato. Va a giocare non per sé, ma perché lei ha disperato bisogno di denaro, e proprio il gioco diventa il simbolo del darsi interamente: Aleksèj punta *tutto ciò che ha* (cioè accetta l'idea di perderlo) e vince, e poi punta di nuovo *tutto* e continua a vincere. Ogni tanto sente

> con terrore quel che adesso significava per me il perdere! Nella posta era tutta la mia vita!

Ma non può smettere, inebriato com'è sia dalla vertigine del puntare tutto, sia dalla sua volontà di vincere per l'amata. Così, per la prima volta, Dostoevskij riesce a far trionfare un suo protagonista. È un breve trionfo: poco dopo lei fuggirà con un altro, e Aleksèj, dopo aver sperperato tutto, diventerà un giocatore compulsivo; ma se badiamo a quel senso simbolico del puntare tutto, *Il giocatore* appare come il primo tentativo di raffigurare il superamento dell'"io".

E se allora io mi fossi perduto d'animo, se non avessi osato?

dice Aleksèj. È come se Dostoevskij stesse ripetendoselo tra sé, per farsi coraggio in vista di tentativi più audaci di narrare l'assoluta generosità come via verso la felicità, finalmente.

Invece *Delitto e castigo* è, dicevo, l'esatto contrario.

L'epilogo di Raskòl'nikov

In *Delitto e castigo* tutto sembra inghiottito dal coccodrillo. L'ex studente Raskòl'nikov, un DELIRANTE povero e cocciuto, è inghiottito dalla sua intenzione di diventare un grand'uomo: un "Napoleone", che possa cambiare il destino dell'umanità. Ovverosia: la "legge dell'io" ha in Raskòl'nikov un assertore fanatico. Raskòl'nikov si lascia inghiottire anche dall'idea che per diventare un grand'uomo occorrano soldi e indifferenza per i valori morali. Perciò ruba, e per rubare uccide: il furto e l'omicidio sono per lui un *crash test*, per saggiare la sua capacità di grandezza. Il *crash test* non dà buoni risultati: Raskòl'nikov è inghiottito dal rimorso, che arriva quasi a farlo impazzire. Infine, si pente; e non solo confessa il delitto alla polizia, ma, inghiottito anche dall'estasi del pentimento, vuole dichiararsi colpevole dinanzi alla gente, e si inginocchia in strada, per chiedere perdono a tutti. Nessun passante gli bada. Anche la gente è il coccodrillo: il dolore morale del protagonista viene a trovarsi dentro quel coccodrillo collettivo, che non lo capisce. Dopodiché, Raskòl'nikov viene inghiottito dalla galera.

Fin lì, nel romanzo non è messa in discussione l'idea che solo i grandi uomini – gli "io" elevati alla massima potenza – siano creatori di realtà. Raskòl'nikov pensa di aver fallito per non essere stato sufficientemente egoista, e Dostoevskij non ti dà occasioni di dubitarne. Ti intenerisce con la prostituta Sonja, una FANCIULLA ABUSATA da cui Raskòl'nikov è affascinato: una mite, dolce, giovanissima campionessa delle virtù popolari – pazienza, umiltà, pietà, illimitata capacità di perdono. Per qualche pagina puoi sperare anche tu, come tanti esperti di Dostoevskij, che Sonja serva da antitesi a Raskòl'nikov: ma è un esserino talmente debole! Non capisce pressoché nulla di ciò che Raskòl'nikov le racconta di sé. In lei, Dostoevskij sembra voler raffigurare soltanto l'inconsistenza di ciò che certi "io" minuscoli e indifesi possono opporre all'idea raskolnikoviana di grandezza. E Raskòl'nikov si innamora di lei solo perché, invece dei destini dell'umanità, spera di cambiare almeno il destino di quella povera ragazzina, sposandola e togliendola dalla strada.

Lei acconsente. Lo segue in Siberia, e là attenderanno insieme la fine della pena. Se finisse qui, *Delitto e castigo* sarebbe in tutto e per tutto la negazione della speranza nella "massima evoluzione dell'umanità" intuita da Dostoevskij nel 1864.

Ma nell'*Epilogo* leggiamo che un giorno, nella sua baracca di forzato, Raskòl'nikov apre il Vangelo donatogli da Sonja, e d'un tratto avverte la fiducia in un futuro radioso. È l'ultima notizia su Raskòl'nikov. E, come tale, non è gran che. Ha l'unico scopo di permettere a Dostoevskij di concludere con una promessa:

> Questo è l'inizio di una nuova storia, la storia del graduale rinnovamento di un uomo, la storia della sua graduale rigenerazione, del suo passaggio da un mondo a un altro, della sua iniziazione a una nuova vita, ancora sconosciuta. Questo potrebbe veramente essere il soggetto di una nuova storia, ma la nostra storia presente è finita.

Si osservi bene la frase, stilisticamente la meno riuscita dell'intero romanzo. Quante ripetizioni!

"Storia", "storia", "storia", "storia", "storia"

ovvero, ci vuole una storia, un'*altra* storia, una storia completamente diversa,

"nuova", "nuova", "nuova"

mentre "graduale", "graduale" è il modo in cui Dostoevskij sente di poterci arrivare: come se stesse confessando, più a se stesso che ai lettori, che non è ancora tempo.

E si confronti questa promessa con l'ultima frase de *Il giocatore*:

Domani, domani tutto finirà!

Evidentemente, nel 1866, nonostante *Delitto e castigo*, Dostoevskij si accorgeva di non poter smettere di pensare alla prossima fase evolutiva, quella della "Fusione" – e dunque della fine della "nostra storia", e del "passaggio da un mondo a un altro".

L'anno seguente decise di attuarla ne *L'idiota*.

L'EROE

Idiòt

La copertina de *L'idiota*

Ѳ М. ДОСТОЕВСКІЙ
Идіотъ

è un raro esempio di dissonanza editoriale, fieramente autolesionista. Dostoevskij accosta il proprio nome a un insulto. Immagina quel titolo accanto a un qualsiasi altro altrettanto conciso: per esempio

JAMES JOYCE
Ulysses

oppure

GUY DE MAUPASSANT
Bel-ami

e non riuscirai a trattenere un movimento ironico del sopracciglio. Se poi lo immagini accanto a *Guerra e pace* (che usciva lo stesso anno de *L'idiota*, il 1869), entrambe le tue sopracciglia si alzeranno a esprimere perplessità: a differenza di Tolstòj, che sulla copertina appare come colui che sa tutto della guerra e della pace, Dostoevskij in quel suo titolo sembra dire: "Pensate pure male di me". Ma è fierezza, dicevo. È una sfida. *Idiòt*, in russo, nella seconda metà dell'Ottocento, non era parola d'uso comune, suonava straniera (di pronuncia non facile: *idi-iòt*) e dunque snob: ti saresti aspettato di udirla da chi teneva a sembrare aggiornato – per esempio da un qualche *junior* che ci tenesse a fare la sua bella figura nel mondo così com'è. Sicché il messaggio della copertina si può esplicitare così: "Pensate pure male di me, voialtri che nel mondo vi sentite a vostro agio". E questo intento provocatorio prosegue anche nel ridicolo cognome del protagonista, Myškin, ovvero "Topoletti" (da *myš*, "topo"), in un'ideale parentela con l'"io" del *Sottosuolo*, a cui piaceva tanto denigrarsi mentre cercava di esprimere concetti audaci.

Ne *L'idiota* Dostoevskij era ben deciso a esprimere addirittura quanto di più audace si potesse pensare. L'aveva confidato all'editore, durante la stesura definitiva, nel dicembre 1867:

> Da tempo mi tormentava un'idea, ma avevo paura di trarne un romanzo, perché era un'idea troppo ardua e non mi ci sentivo pronto, benché tale idea fosse di per sé assai seducente e io

l'amassi. Era l'idea di raffigurare un uomo totalmente sublime. Nulla, a mio avviso, potrebbe essere più difficile, in particolar modo ai nostri tempi.

E gli pareva necessario che, così come in altri tempi un "uomo totalmente sublime" era stato "messo tra i malfattori" (Luca 22,37), anche
Myškin-Topoletti apparisse un *idiòt*, ai tempi della
pošlost' trionfante. Voleva insomma puntare non
su Cristo, ma su *un altro Cristo*, nuovo, attuale, che
ricominciasse proprio da dove il primo aveva ter-
minato la sua esistenza terrena: dall'umiliazione.
Nel dicembre 1867, Dostoevskij si sentiva abbastanza forte per un simile tentativo – affrontando
ovviamente il rischio di passare da idiota lui stesso.

Arriva l'Idiota

All'inizio del romanzo Myškin è in treno, di mattina presto. Sta arrivando a Pietroburgo dall'estero, in terza classe, vestito da viandante e con un fagottino come suo unico bagaglio. Ventisei anni, folti capelli biondi, barba rada a punta, occhi celesti, viso magro e illividito dal freddo autunnale: la descrizione che Dostoevskij ne dà è più che mai quella di un'icona – una versione ottocentesca del *Cristo salvatore* di Rublëv.

Dopo averlo accuratamente descritto, gli insuffla il movimento e la parola: Myškin è dolce nei modi, gli piace sorridere, risponde premurosamente a chi attacca conversazione; ma da certe lentezze del suo sguardo si nota che soffre di epilessia – e da qui l'epiteto di "idiota" che molti gli attribuiranno, chi con disgusto, intendendolo nel senso di deficiente, chi con tenerezza, intendendolo nel senso di persona fragile.

Fragile come un'immagine antica che ha appena preso vita – e davvero, per tutto il romanzo, tanti personaggi temeranno per lui come per un capolavoro, che un nonnulla può scalfire, guastare. Eppure, nella prima pagina, arriva portato da una qualche forza gigantesca, simboleggiata dal treno – che qui, per la prima volta nella letteratura russa, diventa immagine dell'ineluttabilità; poi rimarrà sempre tale, da *Anna Karenina* alla *Sonata a Kreutzer*, e via via, fino al *Dottor Živago*.

Di lì a poco, il lettore riconoscerà che quella forza c'è davvero: Myškin turberà tutti, nella Pietroburgo dostoevskiana, in tutti desterà qualcosa, cambierà il corso di molte vite.

«È come se l'avesse mandato Dio!»

dirà di Myškin un meravigliato generale, subito dopo averlo incontrato. In russo questa frase è convenzionale, non mistica, e il motivo per cui quel generale la usa è banale: spera che Myškin gli torni utile in un suo piccolo intrigo. Ma per Dostoevskij valeva alla lettera, tanto quanto quel treno valeva come simbolo. Myškin irrompeva a Pietroburgo come l'idea della "Fusione" aveva fatto irruzione nella mente del suo autore: l'Idiota portava la fine della "legge dell'io", era l'eroe del nuovo stadio evolutivo.

«Seduto in treno, pensavo: "Ora vado verso gli uomini; non so nulla, ma forse è cominciata una nuova vita"» dirà poi Myškin, ricordando quel viaggio. E Dostoevskij vuole credere, e vuole che i lettori credano, che esista e possa agire nel mondo la strana forza da cui Myškin è portato, totalmente diversa da quella del *Duke*-Tarantola, finora incoercibile.

Come ci si innamora dell'Idiota

Dostoevskij vuole che ti innamori di Myškin, così come ne era innamorato lui. E sa come fare. Conosce le condizioni indispensabili all'innamoramento assoluto.

Innanzitutto: ci si innamora veramente di qualcuno – in un'opera d'arte come nella vita quotidiana – quando ci si sente portati ad abbellirlo, perdonandogli qualche suo difetto. Nessuno amerebbe Amleto, se non fosse irascibile, nessuno amerebbe Don Chisciotte, se non fosse testardo.

In secondo luogo: ci si innamora illimitatamente di qualcuno, quando qualche suo tratto impedisce di identificarsi in lui; quelli in cui ti identifichi, infatti, finiscono prima o poi per annoiarti, così come ti vieni a noia tu stesso.

Per ottemperare alla prima di queste due condizioni, Dostoevskij fa risaltare tutta una serie di piccoli difetti del suo "uomo totalmente sublime", perché tu, perdonandoglieli, ti senta magnanimo e incline alla tenerezza; per ottemperare alla seconda condizione, gli attribuisce difetti e doti più considerevoli, che lo fanno apparire *comunque* diverso da te, così che tu, già innamoratone, lo possa soltanto amare, mai imitare.

Tra i piccoli difetti c'è innanzitutto l'aspetto poco attraente di Myškin – con quella barbetta bionda, rada e appuntita (e Dostoevskij, tra parentesi, era biondo e di barba rada).

Poi, Myškin è goffo, incapace di eleganza, sia all'inizio, quando non ha ancora un soldo, sia poi, quando eredita un grosso capitale.

Ed è egocentrico, verboso: parla bene, melodiosamente a volte, ma troppo.

Ed è franco con tutti, ma la sua franchezza è spesso indelicata – e non tanto per esigenza di verità, quanto piuttosto per egocentrismo. Lo ammette lui stesso:

> Ed ecco, ora che vado verso gli uomini, mi sono proposto di fare il mio dovere con onestà e fermezza. E penso: ecco, mi ritengono un idiota, invece sono intelligente, e loro nemmeno lo sospettano...

Fin qui, specie se sei ancora adolescente in qualche modo (indipendentemente dall'età anagrafica), avresti ancora, ogni tanto, la sensazione di potergli assomigliare.

Ma in più – e qui i difetti diventano consistenti – Myškin non si intende di nulla, se non di un'attività quantomai superflua, di cui è bizzarramente appassionato: la calligrafia ornata! Anche per questa sua incompetenza in tutto il resto, non sa fare buon uso del denaro ereditato: richiederà sempre che ci si prenda cura di lui.

Al contempo, si vanta un po' troppo delle sue origini aristocratiche – è un principe, d'antica famiglia decaduta. In mezzo ai nobili si sente "in un cerchio incantato" di amici devoti e compagni d'idee:

> I modi squisiti, la semplicità, l'apparente cordialità di quelle persone esercitavano su di lui un'attrazione quasi magica. Non poteva passargli per il capo che la maggioranza degli invitati, nonostante l'apparenza imponente, fossero persone piuttosto vuote, che d'altronde ignoravano esse stesse, nella loro presunzione soddisfatta, come molto di quel che avevano di buono fosse prodotto d'artificiosità, del quale per giunta non potevano vantare merito alcuno, perché l'avevano ereditato, senza averne coscienza.

Dunque Myškin è anche socialmente uno sciocchino.

Risultato: si rivela, all'atto pratico, ancor più fragile di quanto si sarebbe potuto supporre all'inizio. E così malmesso si avventura, con aria dolce, nel brutale mondo dostoevskiano, come obbedendo al precetto: "Io vi mando come agnelli tra i lupi" (Matteo 10,16). E non solo tu, ma anche i lupi dostoevskiani ne sono tutti affascinati.

La sua malattia

Quanto al suo difetto maggiore, l'epilessia (altro tratto in comune con l'autore), non si tratta neppure di perdonarglielo: è infatti la manifestazione del suo immenso bisogno di felicità. Durante i suoi accessi di mal caduco, Myškin percepisce una

> luce straordinaria, una calma suprema, piena di gioia, speranza, intelligenza … Che importa se questa tensione è anormale, quando il suo risultato, in quegli istanti, è in sommo grado armonia e bellezza, e dà un senso inaudito di pienezza, di equilibrio, di pace e di trepidante fusione con la sintesi suprema della vita?

Ovvero: l'Idiota è inadeguato al mondo normale, proprio perché la "bellezza" gli è anormalmente accessibile. È una inadeguatezza da mutante, da esponente di una nuova specie non ancora ambientatasi. Anche per questo gli si ritrova spesso sulle labbra quell'espressione: "Vado verso gli uomini".

Ma qui ti fermi a riflettere.

È diverso da te, sì. Ma da quale "te"?

In fondo è capitato a tutti, da bambini, di "andare verso gli uomini", solo che non tutti hanno continuato con onestà e fermezza a fare il loro dovere di bambini, cioè di portatori di futuro. Si sono trasformati, abbastanza rapidamente, in adulti: hanno fatto bene, e tu, hai fatto bene a crescere come loro? Forse il tuo non poterti identificare nella sua qualità di mutante è una tua – e non una sua – carenza.

A Myškin, l'accesso all'età adulta è stato impedito dalla malattia – da quel suo essere "malato di felicità". Ma Dostoevskij vuole farti sospettare che la natura, alterando il funzionamento del suo cervello, avesse scopi che le persone normalmente sane, te compreso, non sono ancora in grado di comprendere. Questo sospetto è rafforzato dal lungo elenco delle qualità eroiche di Myškin, tutte travolgenti.

Il candore

Ha innanzitutto l'eroismo del non venire a noia a nessuno, nonostante il suo egocentrismo e i suoi tic: e non perché sia particolarmente spiritoso (lo è solo di rado), ma perché ha il dono di sorprendere chiunque parli con lui. Siano aristocratici o impiegatucci, maggiordomi o milionari, ragazzini o intriganti, e persino radicali della peggior specie: a tutti, Myškin sa dire qualcosa che non si aspettano e che in qualche modo li illumina. E il modo in cui ci riesce è semplicissimo: non fa altro che notare ciò che gli altri non notano – sentimenti, aspettative, delusioni, paure, debolezze, tratti di bontà – e dire candidamente quello che ha notato.

Riesce a notare quello che altri non notano perché ha una sorta di "congenita inesperienza" del mondo, per la quale tutto lo incuriosisce.

E riesce a non ferire, perché non vuole contrapporsi a nessuno.

Preferisce avere fede in chiunque, nella parte migliore di chiunque, magari ignota anche a chi la possiede – il che fa sì che anche gli altri si sentano portati ad avere fede in lui. Una volta una donna che lo ama, Aglaja (una RAGAZZA RICCA) gli rimprovera seccamente questa arrendevolezza:

> «Voi siete più onesto di tutti, migliore di tutti, più intelligente di tutti! Perché dunque vi umiliate e vi mettete al di sotto di tutti? Perché non avete orgoglio?»

Ma Myškin non può farci nulla. Vive la "Fusione": è un "io che si apre a tutti", così come Dostoevskij l'aveva sognato nel '64. Ed essendo arrivato così in alto sulla scala evolutiva dell'umanità, perché dovrebbe ridiscenderne?

Tu, al posto suo, lo faresti?

Myškin e tu

Dostoevskij vuole, chiaramente, che tu te lo chieda, nella tua qualità di grande lettore.

Myškin non somiglia a te, dicevamo, o almeno non alla personalità che adesso tu chiami "io". Ma più ti inoltri nel romanzo, e più senti il *lik* di Myškin come una possibilità del tuo immaginarti. Con il Cristo dei Vangeli non capita mai, e non tanto perché sia troppo perfetto, o perché faccia miracoli, ma perché da quasi due millenni una religione ti inculca che è Dio, e che ciò pone tra lui e te una differenza incolmabile.

In Myškin non vale questo *off limits*. Il romanzo più cristico di Dostoevskij è anche il più irreligioso, proprio nel suo portare nel mondo l'"uomo totalmente sublime", cioè un altro Cristo: il che fa, del Cristo, una possibilità esistenziale, togliendogli la sua unicità e sacralità.

Aggiungici il fatto che un autore, come ben sai, per creare i suoi personaggi adopera ciò che ha imparato studiando a lungo i lettori: dunque Myškin è un nuovo Cristo fatto anche di te, del tuo modo di pensare, sentire, sognare. L'effetto è che cominci ad avvertire ciò che Myškin ha di sublime, come qualcosa che a te manca. E cominci a desiderare quel qualcosa. Di una cosa puoi non accorgerti (perché accorgersene richiede un certo coraggio): che molto di ciò che già hai, e pensi, e credi, in particolar modo molte tue certezze, si oppone a quel desiderio, come a una tentazione – perché sarebbe troppo bello se cedessi. Il tuo punto di vista sul mondo cambierebbe, diventando molto più semplice. Ti avvicineresti alla "Fusione" come a una nuova fase della tua vita.

Sai che non si può.

Sai che potresti.

E continui a leggere come aspettandoti, da Dostoevskij, un'indicazione per venire a capo di questo tuo potere e non potere.

Il non capire

Sarebbe più semplice vivere come vive Myškin, anche perché lui sa perdonare come nessun altro: di offese, calunnie, raggiri, ne subisce in quantità, e reagisce sempre comprendendo le ragioni degli offensori – che finiscono tutti per affezionarglisi. Insegna anche a perdonare e a perdonarsi, sempre in base alla felicità:

> voi siete infelice a tal punto, da credervi veramente colpevole

è una sua frase celebre.

Per lui, questo è il modo di vivere "più assennato di tutti": s'intende, finché si resta nel mondo così com'è. Ma si può andare oltre, verso una semplicità ancora più vasta. Myškin ha fatto esperienza di un altro mondo, un mondo di perfezione nel quale si entra "cominciando a non capire molte cose". Così, per esempio:

«Io non capisco come si possa passare davanti a un albero e non essere felici di vederlo, parlare con un uomo e non essere felici di amarlo!»

Quel "non capire" è anche il tormentoso pensiero di non essere bello come il cielo:

Aveva davanti il cielo fulgido, più in basso il lago e tutt'intorno l'orizzonte luminoso, sconfinato. Si ricordò di come avesse proteso le braccia verso quel luminoso azzurro infinito, piangendo.

Capire significa afferrare, contenere in qualche parte della mente: non capire è ammettere l'incontenibile. Ma non appena si è ammesso l'incontenibile, e se ne è avvertito il desiderio, tutto il capire, tutti i contenitori mentali del mondo diventano limiti ai quali non ci si può più rassegnare. E anche questo, per Dostoevskij, era eroismo.

Gli amori di Myškin

Anche in amore la semplicità di Myškin è incompatibile con ciò che la morale del suo tempo permette di capire. Ama due donne, che a loro volta lo amano appassionatamente, Nastas'ja e Aglaja. Le ama perché le ama, e non può non amarle. E non riesce a condividere il punto di vista di chi gli fa notare che qui qualcosa non va.

«Ma come? Volete dunque amarle entrambe?»
«Oh, sì, sì!»
«Scusate, principe, che dite mai? Tornate in voi!»

E non che sia un seduttore: non vuole prenderle; vuole darsi a loro due – così come d'altronde si dà anche a chiunque altro, lasciando che siano sempre gli altri a decidere cosa prendere da quel suo darsi. Qualcuno chiede il suo denaro, e lui dà denaro; altri chiedono la sua amicizia, la sua attenzione, il suo perdono, e lui dà tutto questo; Nastas'ja e Aglaja vogliono tutto di lui, e lui dà loro tutto. Vogliono sposarlo? Sia pure; dice di Aglaja:

Che io mi ammogli non importa, e non è nulla!
… Semplicemente, è lei che lo vuole.

"Povero idiota!" pensa di lui un amico devoto,
Evgenij (un INTELLIGENTE), che tenta invano di
inculcargli qualche rudimento di moralità, senza
considerare mai nemmeno per un istante il fatto evidente che Myškin sia giunto oltre la morale del mondo così com'è. Quell'oltre non è ancora concepibile per nessuno all'infuori dell'Idiota:
il che pone come eroica anche la paradossalità
degli amori del principe – che non sono soltanto eterosessuali.

Rogožin

C'è infatti anche un maschio: il burrascoso Rogožin (un DELIRANTE), pazzo d'amore per Nastas'ja, con la quale convive. Rogožin sarebbe un'espressione esplosiva di quella che Dostoevskij chiama "la legge dell'io": la sua passionalità lo travolge di continuo, al punto che null'altro gli importa al mondo – se non quando viene a trovarsi accanto a Myškin, dal quale è come frastornato. In base alla "legge dell'io", Rogožin dovrebbe essere soltanto geloso di lui, perché Nastas'ja lo ama illimitatamente (e non per nulla Dostoevskij sceglie il cognome Rogožin, che in russo suona come "Corneschi": da *rog*, "corno"), ma Rogožin *tenta soltanto di costringersi* alla gelosia – come se Otello e Iago fossero, in lui, diventati tutt'uno; a un certo punto troviamo, infatti, anche un'esplicita citazione scespiriana:

«E tu, che ne pensi?» domandò il principe guardando tristemente Rogožin.
«E che, io penso, forse?» sfuggì detto a quello.

In Shakespeare:

OTELLO *What dost you think?*
IAGO *Think, my lord?*[16]

Rogožin vuole, vorrebbe essere Otello e si sforza perciò di essere anche lo Iago di se stesso, ma la dolcezza, la fragilità, la diversità di Myškin attraggono Rogožin al punto da togliergli ogni energia. Si accorge con sgomento di amare tanto lui quanto Nastas'ja. *Non può accorgersene più di tanto*, dato il bando assoluto che pesava allora sull'omosessualità nella letteratura russa (mai la si trova menzionata nei contemporanei, nemmeno in Tolstòj). Ma in ciascun incontro tra Rogožin e Myškin, Dostoevskij accorcia la distanza dalla soglia di quel tabù – fino all'ultima scena disperatissima, quando i due uomini si distendono sui cuscini l'uno accanto all'altro, e Myškin

> si abbandonò sul cuscino, e premette il viso contro il pallido viso immobile di Rogožin: le lacrime scorrevano dai suoi occhi sulle guance di lui...

Di più Dostoevskij non poteva scrivere, per non incorrere nell'oltraggio al pudore: ma lascia a te il compito di proseguire, nella tua immaginazione, quest'estrema rappresentazione dell'ideale dell'uomo nuovo, capace di "darsi interamente a tutti, anima e corpo e senza riserve". E questa scena d'amore maschile vuol essere tanto più *totalmente sublime*, in quanto poco prima Rogožin-Otello aveva assassinato Nastas'ja, ed era il giorno in cui Myškin doveva sposarla: i due uomini avrebbero dovuto odiarsi, lottare, e invece si abbracciano, si baciano, si prendono cura l'uno del dolore dell'altro, prima che arrivi la polizia.

Fantadostoevskismo

Sì, ma tanta sublimità porta soltanto allo sfacelo – deve necessariamente pensare il lettore, anche il grande lettore, dopo aver letto quell'ultima scena. Myškin sarà pure un mutante, un eroe del mondo a venire, e avrà pure trovato un'alternativa all'amore egoistico, ma nel mondo porta rovina. Nastas'ja viene assassinata. Aglaja sprofonda nella disperazione. Rogožin e Myškin, nella pazzia.

A metà del romanzo tutti i personaggi, e anche i lettori, specialmente quelli grandi, si sarebbero aspettati tutt'altro.

Si sarebbe detto, a metà del romanzo, che Dostoevskij stesse finalmente chiudendo i conti con i massimi filosofi del suo tempo.

Di contro alla compiaciuta autosufficienza campagnola di Rousseau, Myškin mostrava che la felicità porta al sentirsi incontenibili.

Di contro alla pacata ammirazione kantiana per il cielo stellato, come per un affresco dell'universo che Dio ci ha messo graziosamente a disposizione, Myškin cerca davvero la "bellezza che salverà il mondo": la sente, nei suoi slanci, e sente di poterla esprimere con tutto se stesso.

Quanto all'indifferenza hegeliana e darwiniana per la felicità propria e altrui in nome del futuro (che fa pensare allo sguardo scintillante di un SS), il principe Myškin ne è l'esatto opposto: non c'è essere infelice che non susciti tutta la sua pietà e sollecitudine.

Dunque perché – dobbiamo chiederci – Dostoevskij *non ha osato vincere* la propria giocata su questo suo eroe del Bene?

Certo, un dogma del realismo impone di non far incominciare né finire una trama in un mondo diverso da quello in cui il lettore vive. E nel mondo in cui vivono i suoi lettori non c'è posto per un Myškin che riesca a realizzare i suoi sogni di felicità.

Ma perché non violare quel dogma? Dostoevskij aveva inventato il genere del romanzo declamatorio, con le *Memorie dal sottosuolo*. Aveva inventato il genere thriller, con *Delitto e castigo*. Avrebbe pur potuto spingersi oltre, e inventare anche il genere fantamorale, così come in quegli stessi anni Jules Verne stava inventando il genere *extraordinaire* – che più tardi si sarebbe chiamato fantascientifico. Perché essere per forza credibili, quando la credibilità del realismo è tarata sul mondo così com'è, e si sa che il mondo così com'è non basta? Con il suo "realismo nel senso più alto", con le sue intuizioni dell'elemento "fantastico", Dostoevskij *poteva* cambiare il mondo, in questo suo romanzo. Shakespeare aveva pur fatto qualcosa del genere, nella *Tempesta*, mettendo in scena una serie di prodigi proprio per far trovare a

all of us ourselves
when no man was his own[17]

"a ognuno di noi noi stessi, quando nessuno era se stesso". Forse che il realismo del mondo così com'è non raffigura proprio gente che non è se stessa? Trasgredirgli sarebbe stata una buona risposta al "che fare?".

Proviamo a immaginare questa trasgressione: Myškin trova non soltanto amici ammiranti e donne innamorate di lui, ma anche discepoli. Insegna loro i suoi eroismi. Alcuni li imparano. Diverranno molti. Ognuno praticherà a suo modo la felicità myškiniana. La sua epilessia non si aggraverà. Troverà anche – cosa che nel romanzo non gli avviene – una donna che voglia amarlo senza impossessarsi di lui, e lui l'amerà. Poi, data la resistenza di Dostoevskij alle scene di matrimonio, Myškin morirà per cause naturali, con la meravigliosa sensazione di avere compiuto l'opera per la quale "era venuto tra gli uomini", e di lasciare un vuoto che i suoi discepoli cominceranno a colmare, in varie parti del mondo, con la formidabile idea di bontà myškiniana, che nessuno strapperà mai più né dai loro cuori né dal cuore dei lettori. *Finis operis*. Giocata vinta. *Duke* sconfitto. Un best seller mondiale.

Se

Non è mai stato vero che la storia – anche la storia della letteratura – non si fa con i se.

Al contrario: capiamo un qualsiasi fatto, soltanto riuscendo a immaginare come si starebbe se non fosse avvenuto. Possiamo accorgerci di cos'è il bianco per noi solo se abbiamo in mente anche altri colori; e ci accorgiamo di cosa sia la salute solo se ci figuriamo la malattia, e viceversa. Allo stesso modo, solo se immaginiamo come sarebbe potuta essere la felicità di Myškin capiamo come e perché Dostoevskij fece finire tanto male il suo eroe più luminoso.

E ci è utile, qui, proprio il felice finale della *Tempesta*, che suona come l'epilogo di tutta l'arte di Shakespeare:

As you from crimes would pardoned be
Let your indulgence set me free

"Come vi piacerebbe saper perdonati i vostri peccati, così la vostra indulgenza mi dia libertà".[18]

Ma certo! La libertà di un autore – inclusa anche la capacità di Dostoevskij di liberarsi dal realismo – dipende direttamente dalla sua capacità di non serbare rancore per ciò che nei suoi contemporanei, nei suoi "voi", gli risulta sbagliato.

Il realismo, con quel suo dogma, è un modo di non perdonare né gli abitanti del mondo, e in fondo nemmeno Dio, per non aver impedito che il mondo fosse così com'è. Quanto a questo, purtroppo, Dostoevskij era decisamente realista, invece che "realista in un senso più alto". E più che provocatorio, il titolo del romanzo risulta, alla fine, rancoroso: l'autore *voleva* che il suo Myškin finisse completamente idiota, nel senso clinico del termine, perché il mondo in cui i suoi lettori accettavano di vivere non meritava di assistere alla felicità di un protagonista tanto eccelso. Un amico aristocratico l'aveva segnalato a Myškin, proprio a metà del romanzo:

> «Caro principe, non è facile trovare il paradiso sulla Terra, e voi ci fate un po' troppo assegnamento: il paradiso è una faccenda difficile, molto più di quel che sembri al vostro ottimo cuore.»

Sulla Terra è inutile farsi illusioni. L'Inquisitore, nei *Karamazov*, muoverà la stessa critica a Cristo; Dostoevskij è solo un po' più duro dell'Inquisitore, nel decidere la sorte del suo "principe-Cristo", ma il senso è il medesimo.

Soltanto una volta, per un paio di pagine, balena ne *L'idiota* la speranza che a essere indegna di Myškin non sia l'umanità intera, ma una parte di essa – e che dunque in qualche luogo della Terra, dove la gente ha costumi diversi, né Myškin né Cristo sarebbero finiti nei guai. È una speranza a cui Dostoevskij era molto affezionato, e sulla quale fondava il suo specialissimo nazionalismo: chiamava infatti quel qualche altro luogo "la vera Russia" e si sforzava di contrapporla al mondo occidentale. Ma era fragile, quella speranza, tanto quanto il suo Myškin, o più ancora.

La Santa Russia e un vaso cinese

Quelle due pagine di speranza nazionalistica sono le uniche in cui Myškin si mostri aggressivo. Avviene durante l'annuncio ufficiale del suo fidanzamento con Aglaja. È una *soirée* lussuosa in cui tutti sarebbero tenuti all'affabilità: ma Myškin si lancia tutt'a un tratto in una serie di accuse contro la Chiesa di Roma, che a suo dire è soltanto la continuazione dell'Impero dei Cesari – cioè del fondamento dell'identità occidentale. E il papato, dice Myškin, non solo ha subordinato tutto alla propria sete di potere, manipolando la fede e truffando i più sacri sentimenti dei popoli, ma è il vero responsabile della diffusione del socialismo, il quale altro non è – secondo Myškin – se non un furioso bisogno "di soddisfare la sete spirituale, tradita dal cattolicesimo, e di salvare il mondo mediante la violenza, invece che mediante Cristo".[19] Così, in pochi tratti, e tra lo sconcerto generale, l'Idiota delinea il quadro di un'intera civiltà occidentale come un seguito di aberrazioni. Esclama:

«Noi dobbiamo resistere, senza indugio! Mostrare il rinnovamento e la resurrezione dell'umanità mediante il pensiero russo, il Dio e il Cristo russo, e vedrete che gigante possente e giusto, saggio e mite, si alzerà davanti al mondo stupefatto e atterrito!».

Sono idee che Dostoevskij ribadiva ogni tanto, sulle riviste, attirandosi le simpatie dei circoli più conservatori. Ma nessun lettore nazionalista avrebbe approvato il modo in cui termina quella scena: Myškin, sbracciandosi nel parlare, urta col gomito un prezioso vaso cinese, che cade e va in pezzi. Ha giusto il tempo di sentirsi tremendamente ridicolo, poi crolla a terra anche lui, in preda a un forte attacco epilettico, dinanzi agli ospiti sbalorditi.

Se Myškin non avesse fatto quella figuraccia, sia la sua tirata sia tutta la russofilia di Dostoevskij sarebbero state solo un'adesione alla voga dei patriottismi, del "primato" della propria nazione, che in quel periodo accomunava tutti gli europei, dall'Inghilterra all'Italia risorgimentale. Myškin e Dostoevskij se ne differenziano, invece, per il fatto che la Russia a cui si riferivano non esisteva allora, né esistette mai.

Nella Russia si può soltanto credere

è un verso della più breve e della più celebre poesia di Fëdor Tjutčev,[20] scritta un anno prima de *L'idiota*. Dostoevskij condivideva quell'idea, a giudicare dall'ultima frase del romanzo:

Tutta questa vostra Europa, non è che una fantasia, e tutti noi russi, all'estero, siamo soltanto una fantasia!

E al contatto con la realtà le fantasie si rompono come bolle di sapone, o come vasi cinesi.

Quindi Dostoevskij sapeva bene che le patrie non sono realtà. E se ciononostante esistono nella mente della gente, è solo per un'estensione della "legge dell'io": esprimono una "legge del *noi*" – di noi russi, di noi inglesi, di noi italiani, contrapposti a tutto il resto. La "Fusione" dell'individuo con il tutto può solo esserne intralciata: l'idea di patria spinge gli individui a confondersi in un "noi" compatto e ancor più geloso di sé di quanto lo fosse l'"io" stesso. Ma allora perché Dostoevskij, e con lui Myškin, tenevano talmente alla Santa Russia?

Perché crederci

Se si crede in una qualsiasi patria è soltanto per disperazione. Si è orgogliosi della propria nazionalità, quando non si ha altro di cui andare orgogliosi. Dostoevskij non fa eccezione: i suoi articoli nazionalistici, proprio come il discorso di Myškin sul russianesimo, sono espressioni di sgomento. In Myškin, in quella *soirée*, era lo sgomento al pensiero di non poter reggere più di tanto nel ruolo di fidanzato (lui, malato, e innamorato anche di un'altra); nel Dostoevskij nazionalista, era lo sgomento di non poter sperare in nessuna felicità vivibile o proponibile per il mondo così com'è.

E lo sgomento spinge sia Myškin sia Dostoevskij a quella che in filosofia si chiama *brachilogia*, letteralmente "parlar breve": ovvero un discorrere ellittico, che omette precisazioni e dimostrazioni, e che è tipico della conversazione tra amici – poiché tra amici tante cose si capiscono da sé, senza bisogno di spiegarle punto per punto. Capita che lo sgomento produca maldestramente queste ellissi, proprio perché chi è sgomentato ha un tale bisogno di amici a cui confidarsi, da credere di averne trovati anche dove non ce ne sono. Così, Myškin e Dostoevskij danno per scontato che ogni loro interlocutore, da bravo amico, intuisca che parlando del primato della Russia non si riferiscono affatto all'Impero russo di quegli anni, bensì a una "Russia" tra virgolette, immaginaria, fantastica.

Non per nulla nei romanzi dostoevskiani i russi si vedono appioppare giudizi pessimi: appaiono tutti presuntuosi e inconcludenti, creduloni e infidi, passionali e deboli, fondamentalmente nichilisti e buffamente retorici. Hanno una sola qualità veramente bella, sia secondo Dostoevskij sia secondo Myškin: ed è che *cercano una patria*; la cercano – come dice Myškin durante quel suo discorso brachilogico, alla *soirée* del fidanzamento –

> per angoscia spirituale, per sete spirituale, per ansiosa nostalgia di una causa sublime, di una riva sicura, di una patria, insomma, in cui hanno smesso di credere, perché non l'hanno mai conosciuta.

Forse è perché non sono ancora capaci di averla. Forse (e questo sì suscitava in Dostoevskij il batticuore) non ne saranno mai capaci: tanto meglio! Non c'è patria più bella di quella che si sta ancora cercando. È la Terra Promessa: un'immaginaria proiezione geografico-culturale della felicità ancora irraggiungibile nel mondo. Questo *immaginarsi una patria* è ciò che Dostoevskij chiama Russia, e il "Dio della Russia", "il Cristo della Russia" gli sembrano bellissimi proprio perché li si sta ancora cercando.

Ma a quella *soirée* nessuno capì Myškin e ben pochi capirono quanto fosse visionario il nazionalismo di Dostoevskij. La brachilogia, se funziona tra cari amici, è sbadataggine nelle occasioni pubbliche, quali possono essere un salotto o le pagine di un periodico. Dopo quel discorso di Myškin tutti gli invitati protestarono, e gli articoli di Dostoevskij sulla Santa Russia si attirarono pesanti critiche e insulti. Sia Dostoevskij sia Myškin si sentirono incompresi. E si innervosirono, si inalberavano, trasformando l'incomunicabilità e la delusione in collera. La solita vecchia collera contro i "voi" delle *Memorie dal sottosuolo*, che in Dostoevskij, dopo *L'idiota*, si accompagnava probabilmente all'amara, segreta soddisfazione di aver avuto ragione a perdere le sue giocate sulla felicità: in un mondo che sa ascoltare così poco, vale la pena soltanto di perdere.

Epilogo

GLI ETERNI

Scena del crimine

Una delle ultime cose che il principe Myškin guarda prima di perdersi per sempre nella follia è il piede nudo del cadavere di Nastas'ja, che sporge da sotto un'incerata. Scopo dell'incerata è evitare che l'odore cadaverico si diffonda troppo rapidamente nella stanza. In un angolo c'è l'abito di nozze di lei. Se all'ultimo momento non fosse fuggita da Rogožin, ben sapendo che Rogožin voleva assassinarla, sarebbe diventata la principessa Mýškina. Non si sa se a spingerla a fuggire verso la morte sia stata la sua follia (tutti avevano constatato che era pazza) oppure il suo realismo, che le faceva sembrare impossibile l'idea della tramutabilità di una TRAVIATA in una principessa. Ma nel mondo del *Duke*-Tarantola realismo e follia possono anche confondersi: dunque non importa calcolare le percentuali dell'uno e dell'altra. Ciò che importa ai lettori è semmai quella nudità, e il dettaglio che Rogožin, già impazzito anche lui, confida a Myškin:

«Il coltello è entrato per sei centimetri, forse anche otto. Proprio sotto la mammella sinistra.»

E lei era nuda. I lettori possono immaginarsi che ci fosse stato del sesso, prima della coltellata, e cercare poi di smaltire (non ci si riesce per un po') questo groviglio di ferocia, follia, sesso, disperazione, morte, autodistruzione e assoluta infelicità – con il quale Dostoevskij vuole ustionare la sua e la tua fede nella possibilità che la bellezza salvi il mondo.

La resurrezione perenne

Come per confermare questa morte della speranza, nello stesso anno scrive – rapidamente, come al solito – e pubblica un ironico seguito ideale de *L'idiota*, con il titolo *L'eterno marito*: e mai la parola "eterno" fu usata, in letteratura, in accezione più agghiacciante.

È la storia di un vedovo e di un amante della moglie di lui. I due si ritrovano, si frequentano, si odiano, più o meno scopertamente, ma sono come legati l'uno all'altro: non riescono a smettere di tormentarsi a vicenda. L'amante ospita il vedovo a casa sua; passano diverse notti l'uno a pochi passi dall'altro, e per tutto il tempo il vedovo ha un rasoio in tasca, e sta resistendo alla tentazione di scannare l'amante. Ma quando questi si ammala, il vedovo lo assiste – proprio come Myškin cercava di prendersi cura di Rogožin durante la loro ultima notte. Dopo la guarigione dell'amante, provano a troncare i rapporti. Ma due anni dopo, in un'affollata stazione ferroviaria (il treno! L'ine-luttabilità!), l'amante comincia a flirtare con una donna che fa al caso suo – "caruccia e un po' trop-po agghindata" – e scopre che il marito di costei altri non è che il vedovo.

L'amante non indovina il senso di questa coin-cidenza: ne rimane soltanto seccato, perché è un uomo assai mediocre. I grandi lettori invece indo-vinano, con un brivido, ciò che Dostoevskij inten-de annunciare: ovvero che quei due *sono eterni*, nei loro ruoli reciproci. Il loro legame è eterno, come lo sono le punizioni infernali. E ci sono probabilità non indifferenti che di questi ruoli e legami eter-ni sia pieno il mondo – benché pochi se ne accor-gano e indovinino il senso delle certe coinciden-ze che capitano nelle loro vite.

Dunque, secondo questo romanzo, l'inferno è in Terra. Nella vita si pagano le infinite conseguenze dei nostri tradimenti – e, naturalmente, non solo dei tradimenti coniugali, ma anche dei tradimen-ti di se stessi. Ne *L'eterno marito*, Dostoevskij con-fessa il proprio rimorso per aver tradito la propria ricerca della felicità, impedendo a Myškin di por-tare sulla Terra il paradiso; più ancora: confessa la propria voglia – davvero infernale – di *fermarsi al rimorso*. Quel vedovo e quell'amante sono i repli-canti dell'ultima notte de *L'idiota*: fantasmi di una sconfitta autoimposta, che dureranno per sempre. Intendilo pure come un invito a riconoscere anche tu, nella tua vita, il replicarsi di qualche trauma di chissà quando, diventato eterno dal momento in cui ti sei accontentato dell'idea di averlo subìto o causato, invece di intenderlo come un tuo limite da superare.

Dopo *L'idiota*, Dostoevskij vuole convincersi e convincerti che il mondo sia pieno di questi limiti, e che perciò il mondo così com'è sia terribilmente eterno. Possiamo interpretare in questa luce fosca anche il riferimento alla vita eterna, con cui Dostoevskij, dieci anni dopo, terminò *I fratelli Karamazov*, e che a prima vista sembrerebbe un finale consolatorio:

> «Karamazov!» gridò Kolja. «È vero quello che dice la religione, che resusciteremo dai morti e ci vedremo di nuovo tutti?»
> «Resusciteremo senz'altro» ripose Alëša, «e ci vedremo e...»

E... basta. Nulla muore davvero, purtroppo. Tutto resuscita continuamente, sempre uguale, per finire sempre allo stesso modo e poi resuscitare di nuovo. Anche l'"io" del sottosuolo resuscita nel discorso dell'altro fratello Karamazov, Dmitrij, in partenza per la Siberia:

> «Cosa mi importa se starò per vent'anni a scavare. Io andrò laggiù, perché tutti sono colpevoli per tutti. Per tutti i bambini che soffrono ci andrò, perché qualcuno ci deve andare per tutti. Sì, sare-

mo incatenati, non avremo libertà, ma nel nostro grande dolore risorgeremo di nuovo alla gioia, senza la quale l'uomo non può vivere e Dio non può esistere. Se cacciano Dio dalla Terra, noi lo ritroveremo sottoterra! E allora, noi uomini del sottosuolo intoneremo nelle viscere della Terra un tragico inno a Dio che dà la gioia!»

È di nuovo la voce dell'"io" del sottosuolo, che qui resuscita e parla ancor sempre nello stesso modo. E possiamo supporre che anche Dmitrij Karamazov resusciterà soltanto per ripartire per la Siberia, sperando. Nietzsche trasse anche da qui importanti spunti alla sua teoria dell'eterno ritorno.[21]

Il trionfo dei ragni

E nient'altro? A quanto pare, già scrivendo *Delitto e castigo* Dostoevskij accarezzava il sospetto che in fondo alle "profondità" – al centro di tutto – non ci fosse proprio nient'altro. In *Delitto e castigo*, Svidrigàjlov (un VIZIOSO RAPACE) dice infatti, come tra sé:

> La vita futura ... E se laggiù non vi fossero che ragni, o qualcosa del genere? Noi ci rappresentiamo sempre l'eternità come un'idea che non possiamo comprendere, come un qualcosa d'immenso. Ma perché dovrebbe essere immensa? E se là invece non ci fosse altro che una stanzetta, e in tutti gli angoli ci fossero tanti ragni? Se non fosse altro che questo?

L'eternità come sede del *Duke*-Tarantola, che avviluppa il mondo nelle proprie ragnatele.

Per completare la sua cosmologia, nel 1873, con il racconto *Bobòk*, Dostoevskij situa tra il nostro mondo e l'eternità un interregno horror: narra di un mediocre scrittore che, trattenutosi a riflettere in un cimitero dopo aver assistito a un funerale, ode le voci dei defunti che conversano tra loro "in attesa della dissoluzione definitiva della coscienza". Dapprima è spaventato, poi incuriosito, e infine disgustato, dato che le conversazioni là sotto vertono tutte su banalità: fatti politici, pettegolezzi, ricordi di partite a carte... Quando i defunti, per rianimare un po' la conversazione, decidono cinicamente di raccontare ciascuno le proprie azioni peggiori, lo scrittore si lascia sfuggire uno starnuto – e i defunti rimangono in silenzio, accortisi che un vivente li stava ascoltando. Lo scrittore torna a casa, ripromettendosi di far visita anche ad altri cimiteri, per trarre da quelle conversazioni sotterranee spunti per le sue prossime pubblicazioni.

Così, nel 1873, sembrava a Dostoevskij di ascoltare i suoi contemporanei, nei suoi frequenti momenti di cattivo umore – da giocatore che ha voluto perdere.

Provava a immaginare non più se stesso ma loro nel sottosuolo, in attesa della "dissoluzione definitiva" – invece che della "Fusione"! E c'è, in *Bobòk*, anche un'acre parodia di quel passo del Credo apostolico secondo cui Cristo "discese agli inferi" (*Symbolum apostolorum*, 5) a predicare ai dannati; ne accenna anche Pietro:

andò ad annunciare anche agli spiriti che erano nel carcere, a coloro che un tempo erano stati disobbedienti (1 Pietro 3,19-20).

Solo che in *Bobòk*, lo scrittore che ascolta non annuncia nulla, ai sepolti: si limita a starnutire. E poi se ne va, in silenzio.

Ciò che puoi

Gli *junior*, naturalmente, hanno motivo di rallegrarsi. L'eventualità che il "signore di questo mondo" sia il *Duke* onnipotente ed eterno risulta la più probabile, a giudicare dai risultati a cui Dostoevskij perviene con la sua ricerca della felicità. Rimane solo un appiglio, a cui Dostoevskij si tenne fino alla fine: lo si ritrova infatti nell'ultima pagina dei taccuini:

> Il mondo reale è finito, il mondo immateriale è infinito. Ma l'infinito esiste senza dubbio. Perché se non ci fosse l'infinito, non ci sarebbe nemmeno il finito – non si potrebbe concepire il finito.

L'infinito è più grande del mondo del *Duke*.

Già, ma il "mondo immateriale" non c'è, se non nell'immaginazione dell'uomo – potresti obbiettare tu. E proprio lì è la chiave.

Tu hai in te quest'idea di infinito, che nessuno può toglierti, nemmeno il *Duke*. È poca cosa, certo: al "mondo reale" non importa granché di quello che tu puoi pensare.

Ma a te sì.

Tu puoi. Anche dinanzi alla spietata eternità de *L'eterno marito*, permane il fatto che tu, con il tuo infinito interiore, puoi pensare diversamente da quel che imporrebbe il *Duke*, e puoi perciò agire diversamente. In quell'infinito interiore c'è anche la felicità che Dostoevskij e tanti altri autori e profeti prima e dopo di lui hanno provato a cercare nel "mondo reale". Questo tuo potere nonostante tutto è una magnifica ragione di vita. Dostoevskij arriva a coglierla proprio in quell'ultima pagina di taccuino:

> Non sempre siamo peccatori. Al contrario: siamo capaci anche di essere santi. Chi mai potrebbe vivere, se fosse diversamente?

Puoi. Tutto sta nel dare al tuo *puoi* il senso che qui stai intuendo.

Note

¹ Cito dalla lettera di Dostoevskij a N.N. Strachov, marzo 1869, e dall'articolo *Due suicidi*, apparso nel *Diario di uno scrittore* nell'ottobre del 1876. (Dove non altrimenti segnalato, le traduzioni sono dell'autore.)

² *Misura per misura*, IV, 3.

³ A conferma dello stretto rapporto tra Dostoevskij e Shakespeare, e in particolare dell'importanza che ebbe per Dostoevskij *Misura per misura*, vi è anche la somiglianza tra il nome di un personaggio di questa commedia, "il notorio pirata Ragozine", e il cognome dell'antagonista de *L'idiota*, Rogòžin (che in russo si pronuncia *Ragòžin*).

⁴ Cfr. R. Smoley, *Inner Christianity*, Shambala, Boston and London 2002, p. 6.

⁵ *Otello*, I, 1.

⁶ *Lo strano caso del dottor Jekyll e di Mister Hyde*, capitolo X.

⁷ Il paradosso del mentitore risulta essere *di per sé* insolubile. Le soluzioni che ne sono state tentate, da Aristotele fino a oggi, consistono nello spostare il problema dalla frase autonegante all'idea che può farsene qualcuno che la ascolti. Per esempio, secondo Aristotele chi ascolti una frase autonegante fa bene a ignorarla; secondo Gödel, solo considerandola entro un contesto più ampio, si può valutare il contenuto di verità o di falsità di una frase autonegante, e così via. Tutto ciò lascia immutato il fatto che se uno sostiene di mentire sempre, non si possa sapere se sta mentendo o no.

⁸ J.-J. Rousseau, *Rêveries du promeneur solitaire* (1778), *Cinquième promenade*.

⁹ I. Kant, *Critica della ragion pura*, Dottrina del metodo, II, 2; cfr. F. De Luise, G. Farinetti, *Storia della felicità. Gli antichi e i moderni*, Einaudi, Torino 2001, pp. 471-489.

[10] G.W.F. Hegel, *Lezioni di filosofia della storia*, I.

[11] "Neanche in Europa c'è o c'è mai stata una forza nell'esprimere l'ateismo pari a quella da me descritta" annotava Dostoevskij nel taccuino, durante la stesura dei *Karamazov*.

[12] *Misura per misura*, IV, 1.

[13] C.G. Jung, *Die psychologischen Aspekte des Mutterarchetypus*, 1939 (tr. it. *Gli aspetti psicologici dell'archetipo della Madre*, in *Gli archetipi e l'inconscio collettivo*, Boringhieri, Torino 1997, p. 88).

[14] *Misura per misura*, III, 1.

[15] Significativamente, la più famosa rivista satirica sovietica (dal 1922 al 2008) si intitolò *Krokodìl*, "Il Coccodrillo", proprio per allusione a questo racconto dostoevskiano. Il "coccodrillo", in URSS, a partire dagli anni Venti, era naturalmente il Sistema sovietico, nel quale l'intelligenza dei russi era stata ingoiata e pubblicamente si sforzava di convincersi di poter starci comoda.

[16] *Otello*, III, 3.

[17] *La tempesta*, V, 1.

[18] *La tempesta*, Epilogo.

[19] Il tema dei rapporti tra il papato e il socialismo viene ripreso con sfrenata ironia nei *Demoni*, quando il capo dei terroristi ipotizza una conciliazione: «Sapete, ho pensato di dare il mondo al papa. Che venga fuori a piedi scalzi e si mostri alla plebe, come per dire: "Ecco come mi han ridotto!" e tutti si precipiteranno a seguirlo, come un esercito. Il papa in alto, e noi intorno ... Bisogna solo che l'Internazionale si accordi con il papa; e così sarà. Il vecchietto acconsentirà subito. D'altronde non ha altra via d'uscita. Ecco, ricordatevi che ve l'avevo detto, ah ah ah! È stupido? Dite, è stupido o no?».

[20] F. Tjutčev, *Umom Rossiju ne ponjat'* (*La Russia non si afferra con la mente*), 1868.

[21] Nel paragrafo 341 de *La gaia scienza* (1882): «Che accadrebbe se un giorno, o una notte, un demone si insinuasse furtivo nella più solitaria delle tue solitudini e ti dicesse: "Questa vita, come tu ora la vivi e come l'hai vissuta, dovrai viverla ancora una volta e innumerevoli volte, e non vi sarà in essa mai nulla di nuovo, ma ogni dolore e ogni piacere e ogni pensiero e ogni sospiro, e ogni cosa che è della tua vita, per quanto indicibilmente piccola o grande dovrà fare ritorno, per te, e tutte nella stessa sequenza e successione, anche questo ragno e questa luce della luna tra i rami e così pure questo attimo e anch'io".». Si notino i dettagli dostoevskiani: il demone che di notte sussurra, e il ragno.

Mondadori Libri S.p.A.

Questo volume è stato stampato
presso ELCOGRAF S.p.A.
Stabilimento - Cles (TN)

Stampato in Italia - Printed in Italy